图解 **精益制造** *043*

PLM产品生命周期管理

图解でわかる
PLMシステムの構築と導入

［日］久次昌彦　著

王思怡　译

人民东方出版传媒
People's Oriental Publishing & Media
东方出版社
The Oriental Press

图字：01-2016-2201号

ZUKAI DE WAKARU PLM SYSTEM NO KOCHIKU TO DONYU by Masahiko Hisatsugu
Copyright © M. Hisatsugu，2007
All rights reserved.
Original Japanese edition published by Nippon Jitsugyo Publishing Co.,Tokyo.

This Simplified Chinese edition published by arrangement with
Nippon Jitsugyo Publishing Co.,Tokyo in care of Tuttle-Mori Agency,Inc.,Tokyo
Through Hanhe International(HK)Co.,Ltd.,Hong Kong

图书在版编目（CIP）数据

PLM 产品生命周期管理 /（日）久次昌彦 著；王思怡 译 . —北京：东方出版社，2017.5
（精益制造；043）
ISBN 978-7-5060-9601-0

Ⅰ.① P… Ⅱ.①久… ②王… Ⅲ.①信息技术－应用－产品生命周期－
产品管理 Ⅳ.① F273.2

中国版本图书馆 CIP 数据核字（2017）第 119243 号

精益制造 043：PLM 产品生命周期管理
（ JINGYI ZHIZAO 043: PLM CHANPIN SHENGMING ZHOUQI GUANLI ）

作　　者：［日］久次昌彦
译　　者：王思怡
责任编辑：崔雁行　吕媛媛
出　　版：东方出版社
发　　行：人民东方出版传媒有限公司
地　　址：北京市东城区朝阳门内大街 166 号
邮　　编：100010
印　　刷：万卷书坊印刷（天津）有限公司
版　　次：2017 年 8 月第 1 版
印　　次：2023 年 1 月第 4 次印刷
开　　本：880 毫米 ×1230 毫米　1/32
印　　张：8.875
字　　数：249 千字
书　　号：ISBN 978-7-5060-9601-0
定　　价：48.00 元
发行电话：（010）85924663　85924644　85924641

前　言

　　在制造业领域，中国大陆与韩国、中国台湾地区企业的成长有目共睹，日本企业的处境愈发严峻。然而，在这样的形势下，日本企业仍旧进军到了其他国家无法模仿的高尖端技术领域，维持着企业自身的竞争优势。

　　在高端技术领域，日本企业的强大竞争力并非源于其他企业无法模仿的核心技术或者多项专利技术，而是源于肉眼看不见的、细小的"制造力"。

　　比如：笔者以前使用的日本产笔记本电脑电池续航时间长，系统也从不死机，即便使用不当硬盘也不会出现故障，用了很多年一直非常顺手。

　　而笔者最近更换的一款外国厂商生产的笔记本电脑，不仅电池续航时间短，系统经常死机，而且硬盘故障也时有发生。另外，由于我安装了多款工具和软件，因此在日常使用时，各应用程序的响应变得特别慢，其他问题也是频频发生。

　　虽说如此，但其实日本产的笔记本电脑和外国产的笔记本电脑，其生产制造工厂均在中国大陆和中国台湾地区，是由同种设备生产制造出来的。既然笔记本电脑大部分的主要零部件都已经被商品化、同质化，那么在产品上为什么还会出现如此巨大的差异呢？

　　可以说，产生这一差异的要素之一，就是日本企业最擅长的"磨合型技术"①。要想实现"磨合型技术",必须要进行极高水平的"调整"作业。可以说,日本企业的"大房间活动②"及"后工序顾客③"等以沟通为主体的企业文化促使了"磨合型技术"的实现。

然而,要想施展出高水平的"磨合型技术",各方相关人员之间必须保持密切沟通,非常耗费时间和精力。此外,现如今的产品开发不仅要具备高尖端技术,还要能够应对频发的产品质量问题以及严格的环境法规限制,这使得设计者的负担不断加重。

为了减轻产品设计者的负担,有一个比较有效的办法就是灵活运用 IT 技术。但是,产品开发业务需要集合人的智慧进行产品企划并将之具体化,是一项将设计者自身的能力转化为实物的知识集约型

---

① 译者注:以汽车为代表的"磨合型技术"是日本领先于世界的一个典型的技术领域。什么叫"磨合型技术产品"呢?人们知道很多工业产品都是由多种零部件或元器件组装而成的,比如汽车、电脑、自行车就是这样。但是,组装电脑、自行车,只需将零部件或元器件拼装起来即可,比如很多消费者可以买到所需的零部件自己来拼装电脑、拼装自行车,因此电脑、自行车等也被称为"模块型"产品,只需将现成的模块拼装起来就能成为产品。然而汽车就不同了,组成汽车的几百种零部件必须非常精密地、在反复"磨合"之中进行互相调整,最后才能形成具有良好性能的产品。为此,需要从设计阶段就考虑不同零部件能否相互匹配、相互契合,有了设计图以后,还要在生产过程中不断进行调整,调整不理想还要重新修改设计,这就要求对从设计到制造的生产现场具有高度的组织能力,以便使设计、模具、机床乃至人的技能通过不断磨合而形成高度协调的有机整体。现在,有些专家通过分析发现丰田公司的核心竞争力就在于它对生产现场的高度的组织能力,能使各种不同的零部件精确契合的磨合能力,能通过教育将标准化的解决问题手法灌输到全体职工中、让整个组织能迅速发现并解决问题的能力以及使已有能力不断提高的能力。——引自冯昭奎《"日本制造"的强项》

② 译者注:日本企业的工作人员往往在一个大房间共同工作,没有办公桌之间的阻隔,使沟通和交流更加顺畅。这一方式是日本企业的企业文化之一。

③ 译者注:前期工序是神,后期工序是顾客。这是丰田生产方式中经常被提及的一句话。意思是,提供生产制造前期工序所需的零部件的供应商是生产中不可或缺的,应看作是神一样的存在;而接手生产之后的后期工序的所有相关人员都应被看作是自己的顾客,慎重对待。体现了日本企业以人为本的企业文化。

业务，可以说是最难导入 IT 技术的领域。

在这一背景下，出现了一种能够辅助进行产品开发业务的系统——PLM 系统，但由于适用 PLM 系统的领域也是以人的能力为中心构成的业务，因此系统导入非常困难，在此领域中能够进行咨询及导入该系统的人才也是少之又少。

因此，为了能够让更多的人进行 PLM 的咨询和导入工作，本书广泛地收集了与 PLM 相关的各类课题。

首先，在正确认识 PLM 的基础上，针对产品开发领域中的业务以及 PLM 构筑方法进行了解说。然后，进一步讲述了在众多企业中如何实现对产品开发环境的重建，让读者能够学习和掌握广泛的设计业务系统化的知识，减轻工作繁忙的设计者的非生产性负担，使设计者能够专注于创造性的工作。

希望通过阅读本书，读者能够导入 PLM 并加以运用，使之成为企业的核心优势——"磨合型技术"的助力。另外，希望大家能够在正确理解 PLM 的同时，进行产品开发业务的系统化，在更多的企业中，把人的能力与 IT 技术相融合，从而提高企业的创造力。

久次昌彦

目　录

第1章　各业界导入的 PLM 的种类

1-1　PLM 的定义 ··· 3

◆狭义与广义迥然不同的 PLM ································· 3

◆有效管理设计图的设计图管理系统的出现················· 5

◆实现设计作业效率化的狭义 PLM ························· 7

◆将设计作业定位为经营战略措施的广义 PLM ··············· 8

1-2　统观产品生命周期 ······································· 10

◆PLM 涵盖从产品开发到售后服务的全过程 ················· 10

◆在产品设计中依据 V 模型对各流程进行信息化武装 ······ 11

◆产品生命周期中的成本管理································· 13

◆管理产品生命周期收支的 PLCC ··························· 14

1-3　不同种类的 PLM 的特征 ································· 16

◆狭义与广义的 PLM 特征 ··································· 16

◆PLM 是设计者的个人能力与系统相融合的产物 ··············· 17

1-4　在装配产业得以普及的，以 PDM 为中心的 PLM ····· 18

◆虽然 CAD 已普及，但信息管理仍存在问题 ··············· 18

◆PDM 以零部件表为中心对产品进行管理 ··············· 19

◆在装配产业发挥实力的，以 PDM 为中心的 PLM 导入案例··· 21

1-5　提高经营管理能力的，以 ERP 为中心的 PLM ········· 22

◆ 支持经营"可视化"的 ERP ……………………………………… 22

◆ 不断扩大的，以 ERP 为中心的 PLM …………………………… 23

◆ 以 EBOM-MBOM 为共同基础进行管理的，以 ERP 为中心
的 PLM 导入案例 ……………………………………………… 25

1-6 进行特殊化 CAD 数据管理的，以 CAD 为中心的 PLM … 26

◆ 使 CAD 共同作业成为可能的 LDM …………………………… 26

◆ 对功能简便的 PLM 进行特殊化 ……………………………… 27

◆ 能有效利用设计资产的，以 CAD 为中心的 PLM 导入案例 … 28

1-7 提高信息传递速度和正确性的，以主数据为中心的 PLM … 30

◆ 满足配合业务、引出必需产品信息的需求 …………………… 30

◆ 各部门之间的局部规则也能进行一元化管理 ………………… 31

◆ 对灵活的系统运用有所帮助的，以主数据为中心的 PLM 导入
案例 …………………………………………………………… 32

第 2 章　理解构成 PLM 的各项机能

2-1 对构成功能的理解是导入 PLM 的基础 …………………… 37

◆ 仅遵循设计业务的流程无法构建 PLM ……………………… 37

◆ PLM 不是单纯的数据库，而是帮助人们思考的利器 ……… 38

◆ 纵观构成 PLM 的 6 个作业阶段 ……………………………… 39

2-2 以积累设计信息、信息再利用为目的的数据构造 ……… 42

◆ 业务主数据和数据管理主数据构成了 PLM 主数据 ……… 42

◆ 利用 PLM 最大的特点——检索功能的现有 CAD 设计
图的应用 ……………………………………………………… 44

◆ 以确保安全为目的的检索权限设置 ………………………… 47

2-3 阶段 1：共享 CAD 数据的检索控制 …………………… 49

◆ PLM 与 CAD 无缝合作 ……………………………………… 49

◆以确保检索权限为目的的排他控制的实现·············· 49

2-4　阶段 2：使用 PDM 对产品信息进行一元化管理 ········· 52

◆CAD 数据的互换性课题 ············· 52

◆通过并行工程实现信息共享·············· 53

◆标准 PDM 的处理流程 ············· 54

1.图号的取得·取号 ············· 55

2.三维模型的制作 ············· 56

3.其他设计文件的管理 ············· 56

4.正式产品编号的取得与属性的授予 ············· 57

5.设计图的批准授权 ············· 57

6.查看用数据的制作 ············· 58

◆以对主数据进行识别、分类为目的的取号功能·············· 59

◆取号功能中应考虑的 4 个方面············· 61

1.以"分类"为目的的条件选择············· 62

2.取号的范围 ············· 62

3.根据现状分割编号 ············· 62

4.作为设计历史记录的版本管理 ············· 63

◆对管理数据进行管理的零部件表············· 63

◆易于与其他产品进行比较的矩阵型零部件表·············· 66

◆构成零部件表的 P/N 和 P/S 两种主数据 ············· 68

◆了解管理构成的 10 项功能 ············· 70

1.零部件表的正展开 ············· 70

2.零部件表的逆展开 ············· 70

3.零部件表的修订展开 ············· 71

4.零部件表的编辑 ············· 72

5.零部件表的比较 ············· 72

6.截图和基线 ············· 73

　　7.有效期限 ·················· 73

　　8.视图 ·················· 73

　　9.替代品管理 ·················· 74

　　10.配置管理（分类功能）·················· 74

◆按不同目的管理的零部件表种类·················· 75

　　1.设计零部件表（EBOM：Engineering BOM）·················· 76

　　2.生产零部件表（MBOM：Manufacturing BOM）·················· 76

　　3.销售零部件表（SBOM：Sales BOM）·················· 77

　　4.补给零部件表（SPBOM：Service Parts BOM）·················· 77

第3章　通过数据共享实现合作和知识管理

3-1　阶段3：使用工作流实现数据共享 ·················· 81

◆用工作流功能实现设计信息的快速流通·················· 81

　　1.工作流的定义 ·················· 82

　　2.工作流的传阅 ·················· 83

　　3.工作流的管理 ·················· 84

◆以共享CAD数据为目的的数据转换结构 ·················· 84

　　1.使用中间文件的方法 ·················· 86

　　2.直接转换的方法 ·················· 89

◆了解CAD数据的转换步骤 ·················· 89

3-2　阶段4：可用性的提升和设计质量管理的实现 ·················· 93

◆统一设计和生产据点的协作功能·················· 93

　　1.图像化·协作 ·················· 94

　　2.团队·协作 ·················· 95

　　3.课题·协作 ·················· 95

◆通过Portal功能提高可用性 ·················· 96

1.操作性、使用性的提高 ·················· 97

2.统一性、扩张性的实现 ·················· 98

3.知识管理和协作 ······················· 99

◆利用工序设计辅助功能改善工序·········· 102

1.数字化实体模型（Digital Mock-Up） 103

2.公差解析 ····························· 104

3.流程模拟 ····························· 105

4.质量检查工具 ························· 106

◆管理化学物质数据······················ 107

1.在设计阶段管理化学物质的必要条件 ····· 108

2.在供应阶段管理化学物质的必要条件 ····· 111

3.在生产阶段管理化学物质的必要条件 ····· 113

◆运用 PLM 的产品质量信息的管理 ········ 114

1.按不同品目进行检查处理的管理 ········· 115

2.跟踪管理 ····························· 116

3.FMEA 的利用 ························· 116

◆产品生命周期中的设备管理············· 117

1.设备投资管理 ························· 119

2.设备信息管理 ························· 119

3.保全管理 ····························· 120

3-3　阶段 5：产品开发的全面管理 ········· 122

◆项目·程序管理························· 122

1.预算分配计划 ························· 123

2.项目计划 ····························· 124

3.项目执行 ····························· 125

4.项目管理 ····························· 126

5.程序管理 ····························· 127

3–4 阶段 6：知识管理和产品生命周期信息的统一 ·········· 129

◆以实现知识管理为目标 ············· 129

　　1. 积累知识的结构 ············· 130

　　2. 使用（寻找）知识的结构 ·········· 131

　　3. 使知识成长的结构 ············· 133

◆通过统一主数据的再现提高数据的整合性及保守性········· 134

　　1. 数据净化功能 ············· 135

　　2. 数据统一化功能 ············· 136

　　3. 统一主数据管理功能 ············· 136

　　4. 配置管理 ············· 137

　　5. 其他系统界面功能 ············· 137

第4章　对业务知识的理解是系统构建成功的关键

4–1 构建 PLM 的必备业务知识 ············· 141

◆业务一定有“意义” ············· 141

◆把握产品设计的流程 ············· 142

4–2 了解产品企划、基本设计与整体设计 ············· 144

◆了解设计业务的内容 ············· 144

　　1. 企划方案的提出 ············· 144

　　2. 草图（漫画）的制作 ············· 147

　　3. 计划图的制作 ············· 147

　　4. 零部件图、组装图、零部件表的制作 ············· 148

4–3 用三维 CAD 进行设计作业·个别设计的知识技能 ····· 150

◆三维 CAD 的优缺点 ············· 150

◆三维模型的管理方法 ············· 152

　　1. 在三维模型中追加的产品特性信息 ············· 153

　　　2.三维模型和管理信息的联动　………………………… 153

　　　3.取代纸张的阅览手段的准备　………………………… 154

　　◆用产品编号体系进行产品信息管理………………………… 156

　　　1.设计开发部门中的产品编号的必要条件　…………… 157

　　　2.制造部门中的产品编号的必要条件　………………… 159

　　　3.销售部门中的产品编号体系　………………………… 159

　　◆ 4阶段的设计评论和出图流程………………………………… 160

4-4　解析技术的提高给试制带来的好处　……………………… 164

　　◆管理用 CAE 解析出的数据　………………………………… 164

　　　1.课题的明确化　………………………………………… 165

　　　2.解析·实验方法的讨论　……………………………… 166

　　　3.解析·实验必要信息的收集　………………………… 166

　　　4.预期值和结果之间的再分析　………………………… 167

4-5　实现成本降低和质量提高的生产技术设计　…………… 168

　　◆设计变更分为两大类别　…………………………………… 168

　　◆因企业而异的制造工序……………………………………… 172

　　◆把握顺利进行量产的关键——生产技术设计…………… 177

　　　1.金属模具的基础知识　………………………………… 178

　　　2.金属模具的制作工序　………………………………… 179

　　◆应对全球环境法律法规的业务知识………………………… 182

　　　1.WEEE 指令　…………………………………………… 183

　　　2.设计基准指令（EuP: Directive on Eco-Design of
　　　　Energy-using Products）　…………………………… 184

　　　3.RoHS 指令　…………………………………………… 185

　　　4.REACH 法规　………………………………………… 186

　　　5.环保供应　……………………………………………… 186

4-6　与量产后相关的 PLM 关联业务 ·················· 188

◆生产管理的工作和生产计划的流程 ·············· 188

◆规定质量要求，管理产品品质 ·················· 192

　1. 企划质量 ·········· 193

　2. 设计质量 ·········· 193

　3. 制造质量 ·········· 194

　4. 使用质量 ·········· 194

◆销售中的对象管理的实现 ·················· 195

　1. 零部件的标准化和共通化的实现 ·············· 196

　2. 将对象的选择条件定为"依据功能及特性筛选" ····· 197

　3. 也要考虑到对象之间的关联 ·············· 197

　4. 选择条件的设定很简单 ·················· 197

　5. 提示推荐类型 ·········· 198

◆再次受到关注的产品生命周期成本 ·············· 198

第 5 章　提高生产制造竞争力的 PLM 系统构建类型

5-1　以 PDM 为中心的 PLM 构建步骤 ·············· 205

◆ PLM 系统的构建方法分为 10 个单元 ·············· 205

◆单元 1：PLM 构建的前提条件的整备 ·············· 205

◆单元 2：业务流程的分析 ·············· 209

◆单元 3：解决方案的定义 ·············· 213

◆单元 4：PLM 系统的设计 ·············· 214

◆单元 5：PLM 系统的构建 ·············· 218

◆其他：产品编号体系整备的推进方法 ·············· 222

5-2　了解各种 PLM 的导入类型 ·············· 226

◆了解案例分析是 PLM 导入的最佳捷径 ·············· 226

◆大型办公器械生产厂商的并行工程构建案例⋯⋯⋯⋯⋯ 226

  1. 产品・零部件编号和设计图等各种设计信息的一

    元化管理⋯⋯⋯⋯⋯⋯⋯⋯⋯⋯⋯⋯⋯⋯⋯⋯ 228

  2. 将设计信息及早向后续工序公开的环境 ⋯⋯⋯⋯ 230

  3. 将变更信息及早地正确传达给后续工序的工作

    流的使用⋯⋯⋯⋯⋯⋯⋯⋯⋯⋯⋯⋯⋯⋯⋯⋯ 231

◆解决多个 CAD 环境兼容性的 PLM 导入案例⋯⋯⋯ 233

◆CAD 数据的有效利用和生产技术作业的前置案例 ⋯⋯ 236

  1. 通过设计部门之间的信息共享实现并行作业 ⋯⋯ 238

  2. 生产技术部门制作的数据的一元化管理・再利

    用的推进⋯⋯⋯⋯⋯⋯⋯⋯⋯⋯⋯⋯⋯⋯⋯⋯ 239

  3. 与筹备系统之间的合作 ⋯⋯⋯⋯⋯⋯⋯⋯⋯⋯ 241

  4. 与合作公司之间的协作 ⋯⋯⋯⋯⋯⋯⋯⋯⋯⋯ 241

◆使用工作流开展出图传阅业务及提高设计变更效

  率的案例⋯⋯⋯⋯⋯⋯⋯⋯⋯⋯⋯⋯⋯⋯⋯⋯⋯ 241

◆使 PLM 和 ERP 协作的一般思考方法 ⋯⋯⋯⋯⋯⋯ 245

5–3 PLM 实现的下一代生产制造⋯⋯⋯⋯⋯⋯⋯⋯⋯ 251

◆为满足技术必要条件而进化的数字化工程环境⋯⋯⋯ 251

◆下一代 PLM 的关键词是"经营管理能力的强化" ⋯⋯ 252

索引⋯⋯⋯⋯⋯⋯⋯⋯⋯⋯⋯⋯⋯⋯⋯⋯⋯⋯⋯⋯⋯ 256

第1章

各业界导入的PLM的种类

1-1 PLM的定义

◆狭义与广义迥然不同的 PLM

　　为了能够在激烈的企业竞争中存活下来，企业应该采取一定的策略，如：强化生产力和销售力、实施财务性战略措施等，各企业都会通过实施各种不同的战略方针来保持自身的竞争优势。而其中最有效的战略当属"抢先其他公司打造出具有附加价值的魅力产品并将之商品化、推入市场"。

　　要想推进强化商品力的战略，提高产品开发业务的效率必不可少。而能够对这种产品力强化提供辅助作用的系统，即本书将要阐述的 PLM（Product Lifecycle Management，产品生命周期管理）。PLM 能够实现以下几点内容：

> ● 在实现从企划·设计产品到生产产品、送达顾客手中这一业务流程效率化的同时，对企业自身的产品相关信息进行"从产品的摇篮（产品企划）到坟墓（停止生产）"的整个生命周期的管理，从而创造出能够应对市场变化的商品。
>
> ● 有效利用以往的产品开发经验，将后续产品打造成魅力商品，构建更好的产品开发循环。

　　导入 PLM 的行业不仅有以汽车行业、尖端科技行业以及产业机器行业为首的组装制造业，还有食品行业、化妆品·日用品（化妆用具）行业、化学行业以及服装行业等。可以说，各行各业都在导入PLM。

图1-1-1 适用PLM的产业

1. 航空·航天产业	8. 机器人产业	15. 造纸产业
2. 汽车产业	9. 重工业	16. 服装产业
3. 建筑机械产业	10. 石油·天然气产业	17. 公共交通机关
4. 家电·电力产业	11. 化学产业	18. 公共服务
5. 半导体产业	12. 日用品	（电力·天然气·水）
6. 产业机器产业	13. 食品产业	
7. 事务机器产业	14. 制药产业	

在这些行业中得以灵活运用、对设计开发领域提供辅助作用的PLM主要有以下两种。

● **狭义的 PLM 系统**

在"设计企划→开发→试做→测试→开始量产"这一系列工序中，对从设计到生产这整个范围内的产品信息进行一元化管理，运用 IT 技术辅助管理与之相关的所有业务流程的系统。

● **广义的 PLM 系统**

在对从产品的企划·开发到售后服务（after service）为止的"产品信息""业务流程"进行一元化管理的同时，将与产品相关的"设备"、与人员以及成本等相关的"资源"这些与产品生命周期整体相关的所有信息运用 IT 技术进行管理的系统。

狭义的 PLM 以往被称为 PDM（Product Data Management，产品数据管理）。这也是现阶段被导入最多的 PLM 系统，属于 PLM 系统的一个类别。

时至今日，日本也普及了 PLM 系统，也有很多导入该系统的案例被公之于众。但是，与会计系统或生产管理系统所处理的业务不同，运营公司活动时，PLM 系统所处理的业务并未规定好顺序和规则。

因此，直接将公司内部通用的业务步骤置换到该系统中无法提高业务的效率。

为了更有效率地进行产品开发，以"设计者所必需的服务是什么"等愿景为基础，人们对 PLM 进行了定义。因此，仅仅导入系统无法实现设计开发流程的效率化。

产品开发业务是经过"集合人的智慧企划产品，在设计图上具体体现出来并验证其机能"这一过程，最后变成实际"产品"的知识集约型业务。

PLM 将从事知识集约型工作的人的附带作业效率化，使设计者能够专注于设计工作，从而先于其他公司，打造出能够开发魅力产品的环境。

图1-1-2　狭义的PLM和广义的PLM之间的关系

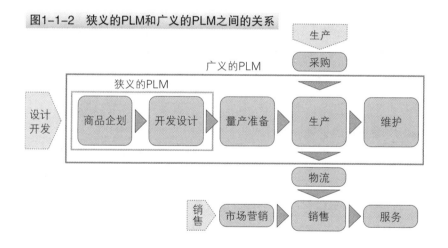

◆有效管理设计图的设计图管理系统的出现

根据业务流程考虑，PLM 最初的作用是管理设计者制作的设计图，这一机能已通过"设计图管理系统"的形式得以实现。

在设计开发业务中，需要制作数量庞大的设计图和说明书等纸质成果。对于这些纸质成果，只要其对象产品仍在销售，就必须对其进行管理、保管，以确保必要时能够随时查看和参考。

此外，即使产品停止销售也要继续提供维修零部件。与产品本身一样，只要产品仍存在于市场并被使用，就必须保证能够随时查看维修零部件的信息。

由于支持一款产品的时期非常漫长，因此必须要半永久性地管理产品的设计信息。

为了管理与产品相关的纸质成果，以往会通过租借仓库来管理这些纸质设计图，或是将画在纸上的设计图重新拷到缩微胶卷上，通过缩小体积来节约空间，进行保管。为了可以随时检索这样的纸质和缩微胶卷形式的设计图，人们才开发、导入了设计图管理系统。

通过导入设计图管理系统，能够轻松检索出所需要的设计图，但设计图管理系统有一个问题，就是"找到特定的那张设计图很费劲"。在设计图管理中，为了便于找到特定的某一张设计图，会赋予每张设计图一个唯一的"设计图编号（图号）"。此外，为了进一步管理若干个讨论方案，会给图号加上一个"改定编号（修订版本）"，进行更为细致的管理。

另一方面，在生产制造现场，会给产品和零部件加上一个特定序号——"产品编号"，而在设计图管理系统中，很多情况下只能利用设计图的管理编号——图号对设计图进行管理。因此，要想通过生产现场的产品及零部件上的产品编号找出特定的设计图，就必须要找出产品编号与设计图编号（图号）的对应关系。

因此，对于记录了发生不良问题的产品编号的设计图，为了确定是哪个图号，需要花费不少时间和劳力。

◆实现设计作业效率化的狭义 PLM

CAD（Computer Aided Design，计算机辅助设计）是一种不仅能进行设计图管理，还能对设计者的制图作业起到辅助作用的软件。

使用 CAD 软件能使线条和图形的绘制、修改更加容易，设计图的复制套用等作业更加轻松，极大地改善了以往利用制图板进行的制图作业。

通过使用 CAD 软件，不仅能够节省将设计图数字化的时间和劳力，还能轻松实现与其他作业者之间的信息共享。

此外，利用 CAD 还能够使把图号与产品编号进行相对应的管理工作变得更加简单，因此改善了设计图管理系统只能通过图号进行检索的缺陷，从而提供给设计者能够轻松共享、检索产品信息的系统——PDM。

PDM 不仅能对设计图进行管理，还实现了关联图号和产品编号，设计者可以通过产品编号对设计图进行检索；对关联了产品编号的与产品设计相关的各种书面文件进行一元化管理；将设计开发阶段的产品构成信息制作成零部件表（Bill of Material），方便设计者进行登录和检索等各项功能。

有了这些功能，当需要对设计进行变更的时候，就能针对变更的内容迅速收集相关信息，对变更前后的设计状况进行比较、探讨，从而促进以下问题的解决：

●短期内状态不佳的应对。

●关联部门介入设计时的设计评审管理。

●通过出图作业相关的信息传递流程的 work flow 化（工作流），实现从设计开发到量产的所有产品信息的一元化管理。

由此，设计者搜索必要信息等附带作业的时间和劳力大大减少，分配给原本的设计作业的时间得以增加。一般来说，这个 PDM 系统所覆盖的领域就是我们通常所说的狭义上的 PLM。

◆将设计作业定位为经营战略措施的广义 PLM

分析当时设计者的作业时间可知，设计者用于创造性作业的时间仅占整体设计作业时间的 30%，剩余 70% 的时间则全部用于搜寻必要信息、对碰头会意见进行调整和变动等。

为实现这 70% 的非生产性作业时间的效率化，增加创造性作业时间、提高设计品质、缩短设计时间，企业才推进了 PDM 的导入。

结果，非生产性时间降到了总时间的 70% 以下，实现了效率化。虽然 PDM 是作为企业战略导入的，但由于经营者并未看到定量的投资效果，因此无法对 PDM 的投资效果进行判断。由此，企业内部开始提倡导入能够通过产品开发业务进行战略定位并加以灵活运用的 PLM 系统。

图1-1-3 知识型劳动者的作业时间分析

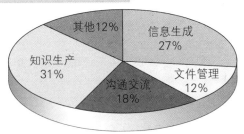

信息生成：制作文件、输入数据
文件管理：文件检索、阅览、汇总、整理
沟通交流：会议、电话、出差
其　　他：用餐、休息、放松

根据富士施乐公司资料制作

8

PLM 系统不仅能对产品开发相关的产品信息进行一元化管理，还能将人员、物品、资金等"经营资源指标"和"产品信息"关联起来进行管理。通过对这些信息的灵活运用，PLM 系统能够从经营战略的视角对产品开发业务进行管理，随着这种经营措施的兴起和活跃，作为实现手段的 PLM 系统的导入也逐渐渗透到了企业经营之中。

能够满足经营管理需求、使最佳产品生命周期战略具象化的系统——PLM 能够发展以下作用：

- 不仅从设计到量产的开发阶段对产品进行管理，还对产品生产所需的设备投资、设备保养以及服务相关的收益性等进行全面把握。
- 对产品从企划开始到废止停产的收益性进行管理。
- 对是否为企业收益有所贡献进行判断，使与产品生命周期相关的投资计划"可视化"。

因此，在 PLM 中，我们将从产品设计到量产开始为止的这一范围内的管理定义为"狭义的 PLM"，将产品从企划开始直到废止停产为止的这一范围内的管理定义为"广义的 PLM"。

关于 PLM 系统的软件产品，狭义的 PLM 系统多由软件包供应商开发并推向市场，如：适用于设计开发领域的 CAD 等。而相反，广义的 PLM 系统则由擅长对人员、物品、资金等资源进行管理的 ERP[①] 供应商开发并推向市场。

---

① 译者注：ERP，Enterprise Resource Planning，企业资源计划。由美国 Gartner Group 公司于1990年提出。企业资源计划是 MRP II（企业制造资源计划）下一代的制造业系统和资源计划软件。除了 MRP II 已有的生产资源计划、制造、财务、销售、采购等功能外，还有质量管理，实验室管理，业务流程管理，产品数据管理，存货、分销与运输管理，人力资源管理和定期报告系统。

1-2 统观产品生命周期

◆ PLM 涵盖从产品开发到售后服务的全过程

对于企业而言，最理想的 PLM 系统要能够对向市场推出合适产品（right product to market）的战略进行灵活运用。这种 PLM 是构成以提高产品开发业务效率为目的的 IT 战略的信息基础。

> ● 将合适的产品（right product）
> ● 在恰当的时间（at the right time）
> ● 以合理的成本（at the right cost）
> ● 投入市场（to market）

PLM 作为信息基础，对从产品开发到售后服务的产品生命周期（product life cycle）进行全方位管理。这一基础设施所起的作用是，在缩短产品开发周期的同时，在整个产品生命周期过程中，对设计信息备份措施（设计信息的备份能够创造出高品质产品）进行统合管理。为此，必须要减少时间的"浪费"，建立能正确传达必要信息的架构。

下面，进一步对此进行详细阐述。产品开发时必须要对产生的数字信息进行管理，而这些数字信息的产生正是由于使用 CAD 进行了制图工序。CAD 设计图在产生数字信息的同时，很多情况下，还会使在此前后的零件表和各种设计图表文件也完成数字化。

在设计工序中，必须尽可能正确地建立产品制造的信息。之所以

10

这么说，是因为在设计过程中建立的信息数据会被生产技术部门当作工序设计的基本信息进行运用。另外，还会被加工成生产车间操作指南进行灵活运用，或是用作服务部门的服务指导手册或使用说明书。

　　其次，我们来思考一下 CAD 所使用的信息被数字化、完成设计图之前的工序。在设计图制作完成之前，我们会先讨论"应该生产什么"，再探讨"如何生产""要生产的产品是否存在问题"，最后讨论"如何更有效地生产"等一系列问题。

图1-2-1　整个生命周期流通的设计信息

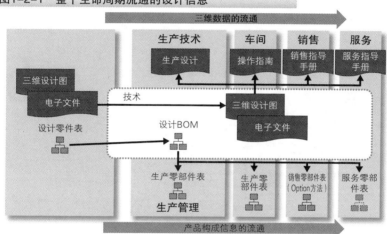

◆ **在产品设计中依据 V 模型对各流程进行信息化武装**

　　设计产品并非与质量管理部门和环境部门毫不相关。正如 SCM[①]（Supply Chain Management）与需求预测部门和制造计划部门紧密相关一样，PLM 系统中最重要的是"不能仅考虑设计部门的解决

---

　　① 译者注：SCM即供应链管理（Supply Chain Management，SCM），是一种集成的管理思想和方法，它执行供应链中从供应商到最终用户的物流的计划和控制等职能。

方案，而要思考包含质量管理部门情况和环境部门情况在内的整体解决方案"。

在产品发生的不良问题之中，究其原因，有80%都是由设计引起的。尽管如此，设计者掌握的产品整个生命周期中的不良问题的相关信息等仍不能保证从之后的工序中完全反馈给设计者。

正如也有种模型叫V模型一样，通常情况下，由于"产生不良问题"和"采取对策"的工序（部门）是分开的，因此如何向对方正确传达不良问题产生的原因，成了能否实现在后续工序中向设计者进行充分反馈的关键。

图1-2-2　产品开发的V模型

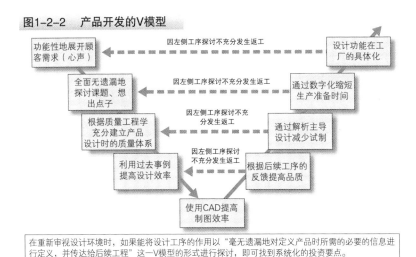

在重新审视设计环境时，如果能将设计工序的作用以"毫无遗漏地对定义产品时所需的必要的信息进行定义，并传达给后续工程"这一V模型的形式进行探讨，即可找到系统化的投资要点。

在V模型中进行的各工序信息化武装也可以是个别的措施。正如SCM中也有销售部门的强化SFA[①]（Sales Force Automation，销售

　　[①]译者注：SFA（销售能力自动化）是CRM客户关系管理系统的一个业务组件。SFA是在销售过程中，针对每一个客户、每一个销售机会、基于每一个人员行动的科学、量化的管理；可以有效支持销售主管、销售人员对客户的管理、对销售机会的跟踪；能够有效销售规范、实现团队协同工作。SFA在欧美地区已有10多年的应用历史，是企业销售管理的基本工具。

能力自动化）以及提高生产计划精度的需求预测强化一样，在 PLM 中对各工序进行信息化武装也必不可少。

但是，必须要防止这种个别的系统化成为各自孤立的信息孤岛。

如果将 PLM 看作一种信息战略，则不应被 CAD 以及模拟分析软件包等部分适合的解决方案吸引，而必须要高屋建瓴，以纵观全局的视角计划应当实现的优点。

也就是说，从"信息流"的视角来看， PLM 系统是作为连接各个信息孤岛的信息基盘而设计出来的。因此，在设计中要想让能够实现质量提高的信息流通到合适的人（部门）中去，构建 V 模型的数字信息流通路径才是构建理想的 PLM 系统的必要条件。

◆产品生命周期中的成本管理

上一项主要解释说明了各个工序的信息化武装，在这一项中，我将对 PLM 的另一个目的——"产品生命周期中的成本管理"进行说明。

产品的生命周期可以分成概要设计阶段、详细设计阶段、量产阶段、服务阶段这几部分进行考虑。按这一方式，决定该产品生命周期成本的主要因素在进行详细设计的开始阶段能够确定 70%，到详细设计的结束时期能够确定 85%，到量产开始阶段能够确定 95%。

因此，随着设计工作的不断推进，产品生命周期中的成本削减余地也会越来越小。

即使到了量产阶段，要想在激烈的市场竞争中获胜，也必须要先于竞争对手将销路看好的产品推出、投入市场，实现本企业产品在市场上的垂直运作。如此，才能够扩大市场占有率，实现高收益。

综上，统观产品的生命周期才是制定有效的产品战略方案的重要要素。

比如：在生产超薄电视及半导体产业这种必须进行大规模设备

投资的产业中，初期投资成本对产品整个生命周期收支的影响占比很大。

再比如：在日用百货和消耗品这类市场营销和广告宣传投资比例较大的产品中，不仅要关注生产制造时期产生的生产成本，还要分析预测销售·市场营销费用的合理投资额，这一点非常重要。

再观现今的产品，重视产品整个生命周期中收支的"产品生命周期成本（PLCC）"的信息在思考企业经营战略时的重要程度正在不断提高。

图1-2-3　产品开发的生命周期成本·模型

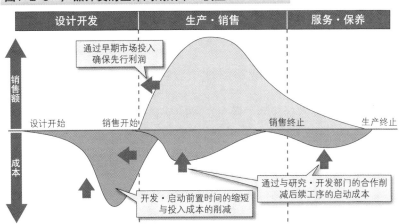

◆ 管理产品生命周期收支的 PLCC

要想将能够应对这种市场环境变化的举措灵活运用到企业经营管理中，必须要正确把握企业自身产品的动向，在产品整个生命周期中时刻检验产品是否符合市场需求。

要想管理产品的生命周期，必须先确认以下两个要点：

①考虑产品生命周期的成长期·衰退期，在恰当的时期将产品投入市场。

②把握整个产品生命周期的盈亏平衡点[①]，在恰当的时期废弃产品。

　　要想正确解读这些变化，必须重视产品的生命周期，实现"顺应市场环境（Adaptive）的企业、产品战略（Management）"的管理。也就是说，PLM 的解决方案之———PLCC 的实现，是实现顺应市场环境的管理的一个重要途径。

　　正如 SCM 离不开成本管理一样，PLM 也必须持有能够把握产品生命周期收支状况的"成本"视角。

　　这一思考方式在国外以 PLCC 的形式得以广泛应用，在本书中，作为实现 PLCC 的具体手法，将在边际利润管理和费用构成表的内容中加以解说。

　　PLM 的目的并不是像 SCM 和 CRM 一样"将现有业务系统化，提高业务效率"，而是要"用系统实现以往无法做到的事情，构建改善业务的系统"。

　　为此，必须要考虑到探讨构建 PLM 系统的企业特点，在切实把握"经营管理层决策的企业发展方向性"以及"工作现场的课题"的基础上，规划 PLM 系统包的选择以及系统的构建问题。

---

　　① 译者注：盈亏平衡点（Break Even Point，简称BEP），又称零利润点、损益分歧点、收益转折点。

1-3 不同种类的PLM的特征

◆ 狭义与广义的 PLM 特征

在 1–1 中，我们已经讲到 PLM 分为狭义的 PLM 和广义的 PLM，且分别有各自的特征。在着手进行系统构建时，必须要首先确定委托进行系统构建的企业利益相关者的需求以及为实现该需求应制定的标准，然后再选择、确定构建哪种 PLM 系统。

另外，PLM 不仅是非常宏观的概念，而且根据使用场景的不同，对系统评价也不尽相同。

在构建 PLM 系统的基础上，为了对产品信息进行贯穿整个生命周期的信息统管，缩短设计时间，提高设计质量，灵活应对市场环境的变化，需要注意以下三个要点：

①以最大限度地引出PLM系统软件的性能为目的的业务流程设计。
②维持贯穿产品生命周期的信息整合性。
③对"变化"这一经营指标进行把握的结构体系。

下面，就从以上视角出发，将实现 PLM 的构建所必需的知识分为"业务视角""系统视角"两方面，分别进行解释说明。

◆ PLM 是设计者的个人能力与系统相融合的产物

在实现 PLM 的"以强化产品开发能力为目的的 IT 基础"方面，无论什么样的 PLM 产品都能起到"对设计者产品开发能力的强化"进行辅助支持的作用。

但是，新产品的开发能力对企业来说是企业的核心能力。不同的企业，其产品开发能力的强弱各不相同，则产品开发能力的核心是设计者的能力。

因此，并不是说只要导入了 IT 系统，企业的产品开发能力就会得到强化。但是，考虑到企业所处的环境，如果不导入 PLM 这类系统，则无望强化产品的开发能力。

之所以这么说，是因为 PLM 与 SCM 等不同，不是只要导入了系统业务就会获得改善，只有通过"设计者的个人能力"与"PLM 系统"的最佳融合，才能显现出系统导入的效果。

不同企业的强化要点不尽相同。PLM 的产品群分成各种各样的类型，都是为了迎合各个企业的不同强化要点，而由软件供应商根据各个企业不同的概念开发出来的。

因此，如果导入了与企业自身的强化要点不符的 PLM 系统，有可能不会产生任何效果，导致无效的 IT 投资。

要想选出适合企业自身的 PLM 系统，必须了解以下 4 个类型的 PLM 特征。了解不同类型的 PLM 特征，是导入适合企业自身特征的 PLM 系统的第一步。

①以 PDM（BOM）为中心的 PLM

②以 ERP 为中心的 PLM

③以 CAD 为中心的 PLM

④以 Master 为中心的 PLM

在装配产业得以普及的，以PDM为中心的PLM

◆ 虽然 CAD 已普及，但信息管理仍存在问题

从"面向开发产品的设计现场的 IT 基础"这一意义上来说，构成以 PDM（Product Data Management，产品数据管理）为中心的 PLM 的功能就是在维护自身最基本的位置的同时，发展 PLM 的功能。

要想理解这一类型的产品，就必须要理解 PLM 的核心——PDM 功能的存在背景。

在设计现场，每天都会产生大量的纸质成果，如设计图、设计说明书以及检查结果和步骤说明书等。由于这些设计成果也是企业的生命线，因此需要花费大量人力和时间严密管理。

但是，虽然纸是传递人类想法的良好媒介，却存在着检索性差的问题。另外，由于其自身也有一定体积，所以存在一些难点，如在进行传阅等信息共享时难以顺利进行等。

为了解决上述问题，随着计算机技术的发展，设计成果物也从纸质逐渐向电子数据转化，设计图的制作也从制图板向 CAD 制图进化和转变。

为了使这些电子化设计信息的使用更加效率化，DMS（Document Management System，文档管理系统）应运而生。随着取代管理设计图的图纸库、能对电子数据进行一元化管理的产品的出现，对用 CAD 制作的电子数据进行管理变得简单易行。

在 DMS 中，可以对纸质设计图进行扫描，转换成电子数据，或是将 CAD 数据进行转换，将 TIFF 或 CGM 等信息转换成无法加工的

数据文件格式，命名好图号（设计图的编号）及版本后进行管理。

　　但是在这种状态下，由于只能用产品的设计图图号进行检索，因此设计者要想找出所需设计图，只能向专门的管理部门联系并索取，对设计业务的改善起不到很大的帮助。

　　另外，由于产品编号和图号是分别进行管理的，因此还存在难以获知所需设计图的最新版本的问题。并且，设计图被登录到 DMS 上的时间，大多都是在设计的最终作业阶段，因此设计现场的最新信息和 DMS 管理的信息就会出现偏差。

◆ PDM 以零部件表为中心对产品进行管理

　　为解决这些不良问题，PDM 应运而生，该系统以零部件表（BOM）作为产品管理的中心，并对设计信息进行一元化的管理。

　　在 PDM 中，零部件表是由 "P/N（Parts Number，品目信息）" 和 "P/S（Parts Structure，管理 P/N 亲子关系的构成管理信息）" 构成的，与此同时，开发产品所必需的信息和成果物全部与品目信息相关联，以此来管理设计信息。

　　通过数据的相互关联，能够明确图号和产品编号的关系，为设计者创造出能够始终获取最新信息的环境。

　　在 PDM 管理下的数据分为 "元数据（Meta Data）" 这类管理数据库的文本属性的主数据信息和 "批量数据（Bulk Data）" 这类将 CAD 等图像信息以二进制文件 [①] 的形式进行管理的主数据结构，PDM 对这两类数据进行分别管理。

　　包括设计图在内的内容之中，虽然包含了对检索有所帮助的各

---

　　① 译者注：计算机文件基本上分为两种：二进制文件和 ASCII（也称纯文本文件）。图形文件及文字处理程序等计算机程序都属于二进制文件。

种信息，但由于电子化设计图变成了一种叫作"栅格数据（Raster Data）[①]"的图像文件，检索起来并不容易。

因此，在将写在图像上的设计信息以元数据的形式作为数据库属性进行管理的主数据中，将用 CAD 建立的三维数据文件关联起来进行管理，这样一来，设计者只需输入关键词就能够找出所需的设计图。

在 PDM 中，为了将电子化的零部件和设计图信息向其他人公开、实现信息共享，设立了名为"Vault"的图片库共享区域（参照第 50 页）。因此，设计部门正在讨论中的信息也能够便捷地被后续工序部门加以参考，对实现"并行工程（Concurrent Engineering）[②]"环境的协调、设计时间的缩短起到了很大的帮助。

最近，不仅是与产品设计相关的信息，对于与设计产品制造方法的工程设计相关的信息也能够进行一元化管理了，从着手设计直到开始量产为止的所有必要信息都能够进行一元化的管理。

图1-4-1　以PDM为中心的PLM概念

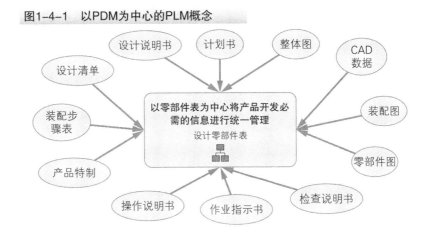

---

① 注：像照片一样，将图像以色点的形式表现出来的数据。与栅格数据相反，将图像以线和面表示的数据叫作矢量数据（Vector Data）。

② 注：通过使产品开发的各个工序同时并行，实现设计作业的效率化，缩短设计时长的手段。参照第53页。

◆ 在装配产业发挥实力的，以 PDM 为中心的 PLM 导入案例

目前被导入最多的 PLM 形式就是以 PDM（BOM）为中心的 PLM，导入 PLM 的行业种类有汽车产业、高科技产业、工业机械产业等，涉及各行各业。

在大型办公器械生产厂商 A 公司，随着企业的全球化，海外销售得到了飞速发展。

然而，由于产品的生产在海外各国进行，产品设计开发在日本进行，在导入 PLM 之前，因时间和距离产生的设计信息流通速度迟缓成为了企业的一大课题。

因此，A 公司通过导入 PLM，实现了设计的"并行工程"，缩短了设计时间。与此同时，又通过设计信息的数字化解决了时间、距离上的问题，实现了海外工厂生产速度的提高。

结果，A 公司成功地将具有时效性的产品投放市场，极大地提高了其产品在海外市场的占有率。

1–5 提高经营管理能力的，以ERP为中心的PLM

◆ 支持经营"可视化"的ERP

以 PDM 为中心的 PLM 以设计现场的业务效率化为目的。与此相对，以 ERP 为中心的 PLM 则以实现经营信息的"可视化"为目的，旨在实现贯穿产品整个生命周期的信息管理。

ERP 的主要着眼点原本是以实现经营管理能力的提高为目的的信息管理，主要用于会计系统。随后，ERP 以扩大信息收集范围的形式，囊括了生产管理以及销售管理、采购管理功能，作为企业的骨干系统不断发展。

这样一来，量产后产品信息的管理功能十分丰富的 ERP，就具备了对生产产品的设备信息进行管理的功能以及售后服务功能、产品质量管理功能等贯穿产品整个生命周期的各种信息的管理功能，具体如下：

- 产品信息的管理功能。
- 产品开发人员以及开发计划等资源的管理功能。
- 实现灵活的供需调整的生产管理功能、管理库存和供应的采购管理功能。
- 应对生产制造中的质量、安全以及环境等法律法规的功能。

因此，在 ERP 中，能够轻松实现产品整个生命周期的信息收集，并进行一元化的管理。

于是，灵活运用 ERP 的这一特点，通过对产品开发时的成本把握以及将设计出的产品信息流畅地传达给生产方，实现量产开始后的垂直投产 ①，联合设计和服务部门，关注商品溯源管理的提高、保修成本的削减的 PLM 产品应运而生。

以 PDM 为中心的 PLM 主要在以飞机和汽车、家电产品为代表的装配制造行业进行推广和导入，其功能逐渐得到了强化。相反，以 ERP 为中心的 PLM 则对生产商品（产品）的设备投资在产品的整个生命周期的收支情况产生了巨大影响，且很早就在石油及化学产业等设备产业 ② 进行了导入。

◆ 不断扩大的，以 ERP 为中心的 PLM

在设备投资型产业，由于产品的生产成本被投资的设备的有效运用所左右，因此这些产业采用了能够实现在提高商品（产品）开发能力的同时兼顾设备的有效运用这种生命周期战略的以 ERP 为中心的 PLM。

在以 ERP 为中心的 PLM 中，不仅有装配制造业在产品信息管理时所使用的"零部件表（BOM）"这种管理方式，还具备管理生产产品所需的素材和原料的最佳比例的"配比表（recipe）"这种产品信息管理功能。

以 ERP 为中心的 PLM 不仅能够对配比表进行管理，还能够与销售及保养、售后服务业务进行紧密的信息协作，轻松建立起能够将销售及售后服务部门顺利反馈给商品开发部门等的信息进行再利用

---

① 注：通过大幅度提高量产开始时的产量来供应市场的战略。

② 注：指产品的生产工序大部分都靠生产设备来完成，设备投资的强化与产量直接挂钩的产业。

图1-5-1　以ERP为中心的PLM概念

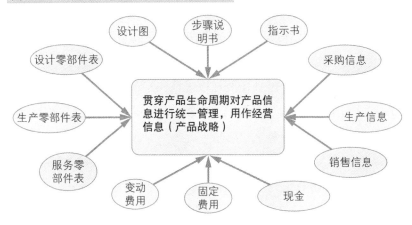

的途径。

因此,不仅是石油·化学产业,PLM的导入还扩大到了制药及食品、日用品产业等行业,作为管理预测产品生命周期的收益性的经营基础,做出了很多实际业绩。

以ERP为中心的PLM能灵活运用ERP的优势,将产品信息和成本信息紧密相连。因此,能够将计划管理及设备管理、销售及保养服务的信息与商品(产品)开发过程关联起来,轻松获取产品开发的投资情况及整个生命周期的收支情况等经营管理层必需的信息。

另外,ERP还有一个特点,即能与数据仓库 ① 协同合作,将用PLM管理的产品信息加工成多种形式的立方体,轻松地与必要经营信息的分析相关联。

---

①译者注:数据仓库,英文名称为Data Warehouse,可简写为DW或DWH。数据仓库,是为企业所有级别的决策制定过程,提供所有类型数据支持的战略集合。它是单个数据存储,出于分析性报告和决策支持目的而创建。为需要业务智能的企业,提供指导业务流程改进、监视时间、成本、质量以及控制。

◆以 EBOM−MBOM 为共同基础进行管理的，以 ERP 为中心的 PLM 导入案例

在由设计部门负责生产工序之前的所有生产制造责任的企业中，作为设计开发部门的责任范畴，有很多企业都导入了以 ERP 为中心的 PLM。

液晶显示屏生产厂商 B 公司以 ERP 的导入为契机，为实现设计和生产部门之间的信息协作，同时在设计部门导入了 PLM。

在液晶显示屏的设计中，不仅从形状到素材、构件的设计，甚至连生产工序中的制造顺序的讨论都由设计部门来进行，这是其一大特色。因此，设计阶段的零部件构成自然也兼顾到了生产工序，因此，能够实现 PLM 和 ERP 之间的"设计零部件表（EBOM）与生产零部件表（MBOM）之间的顺畅合作"。

另外，由于在液晶显示屏的设计中，存在"工序的变化等必须由设计部门进行讨论，在设计部门的负责下变更制造的工序"这一特色，因此将设计零部件表和生产零部件表在同一个平台上进行管理，这对于设计变更信息的顺畅传递来说是恰到好处的。

通过导入 PLM，不仅能迅速向生产部门传递设计信息，同时还能缩短从设计到生产的前置时间。其好处就是即便在产品生命周期较短的液晶显示屏行业中，也能够在与竞争对手的对决中抢占先机。

1-6 进行特殊化CAD数据管理的，以CAD为中心的PLM

◆使 CAD 共同作业成为可能的 LDM

在制作设计图时，会首先制作基于企划来表现产品整体形象的计划图。然后，再将该计划图按功能进行分解，分配给各个设计负责人分别操作，设计零部件图。

依靠这一方式，能够将专业的详细设计工序分摊给若干设计人员，通过并行推进设计作业实现共同设计，提高设计效率。

在设计零部件图时，各个设计负责人会使用 CAD 将设计内容具体化，但每位设计负责人分担到的零部件原本是一个产品的组成部分，因此各负责人负责的零部件之间存在相互关联的部分。

在分别推进作业的情况下，设计者会设计与自己的设计内容相关的零部件，这有可能会干涉到其他设计者的设计内容。

如果这种设计内容的不匹配部分或相互干涉的部分较晚才被发现，就会发生设计变更作业、作业进度退后和返工状况，导致计划时间表的延迟及设计开发成本的增加。

因此，即使是使用 CAD 进行分别设计作业，也应以原有的计划图为基准，先简单确认一下是否会对与自己作业内容相关的零部件产生影响，在 CAD 中追加能够顺利实现共同设计设计图的功能。实现这一合作设计的功能叫作"LDM（Local Data Management，本地数据管理）"及"TDM（Team Data Management，团队数据管理）"。

利用 LDM 及 TDM，能够将每天制作出的 CAD 数据按版本建立档案并进行管理。

◆对功能简便的 PLM 进行特殊化

CAD 所管理的数据在将零部件作为二维及三维数据进行管理的同时，以收录与该零部件相关的材质及重量等信息的形式，将零部件构成信息制作成零部件表进行管理。不过，这些用 CAD 生成的数据通常会保存在 CAD 启动的终端上。

因此，只要这些登录在 CAD 上的信息随时都能收录到 PLM 之中，实现数据共享，就能够让使用 PLM 的设计者配合设计进度随时获取最新的设计信息。

但是，由于在设计零部件表的阶段会发生各种各样的失败和错误，因此设计内容每天都会发生变化。此外，推翻几乎已经完成的内容，从头做起的情况也屡见不鲜。

因此，如果将变动较大阶段的信息传递给后续工序的话，会导致后续工序的作业出现混乱，因此不建议尝试。话虽如此，但难得 CAD 中登录了完整的产品信息，却要在 CAD 作业结束后再在 PLM 中重新录入数据，这太没有效率了。

为解决这种矛盾，可以将 CAD 数据分为制作零部件图的"设计过程中（Work-in-process）数据"和出图后作为正式产品信息的"后续工序共享数据"，分别进行管理。

也就是说，"设计作业过程中信息"由以 CAD 为中心的 PLM 进行管理，"与设计部门之后的后续工序共享的信息"则移交（check in）由横贯全公司业务的 PLM 进行数据管理。

相对于共享全公司产品信息的企业 PLM，这类只管理设计作业过程中数据的 PLM 叫作 LDM，它因具备"将设计部门每天生成的设计数据从 CAD 中无缝收录，进行一元化管理"的功能而被用作简便的 PLM。

以 CAD 为中心的 PLM 在"使用 CAD 的设计者将每天设计过程

阶段的信息在特定的部门内进行一元化管理"的领域具有特殊性。这种形式的 PLM 的特点是与 CAD 的亲和度较高。

而 LDM 与 CAD 一样，安装后即可轻松使用，具有将 CAD 的二维及三维数据以及零部件表的收录数据进行一元化管理的功能等，对设计信息的管理功能一应俱全，因此可在短期内快速导入。

所以，如果能够将企业 PLM 定位为"全公司范围内的设计信息共享基础"，明确 LDM "设计作业过程中的信息共享基础"的作用并加以灵活运用，以 CAD 为中心的 PLM 将是非常有效的企业管理解决方案。

不过，用 LDM 管理多种类的 CAD 数据时，由于各部门的数据不具有互换性（不兼容），因此必须要注意 LDM 的使用方法。

图1-6-1　以CAD为中心的PLM的概念

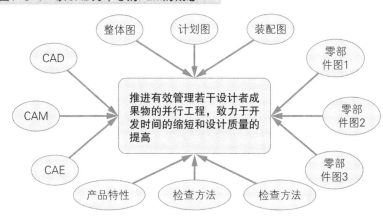

◆能有效利用设计资产的，以 CAD 为中心的 PLM 导入案例

大型半导体生产厂商 C 公司在为导入的 CAD 软件版本升级的问题而苦恼。目前公司使用的 CAD 软件与新租来的 CAD 软件数据无法兼容，即使按照 CAD 软件供应商提供的数据转换步骤操作，也不能

保证将原有数据 100% 转换过来。

　　也就是说，数据转换后有可能导致设计图信息的缺失，且无法判断结果会对庞大的现有设计图信息产生何种影响。因此，C 公司对是否进行 CAD 的版本升级犹豫不决。

　　于是，C 公司决定采取同时使用两种版本的 CAD 软件，将两种软件当成一个 CAD 软件进行设计工作，共享 CAD 数据的方法。构建了在以 CAD 为中心的 PLM 中实现 LDM，从而推进业务的环境。

　　另外，有时候提供 LDM 的厂商与提供两种版本 CAD 软件的厂商可能是同一家，所以在操作时会觉得仅仅在使用 CAD 软件，因此，两种版本的 CAD 与 LDM 的亲和性也较好，令用户能够不被 PLM 干扰，在 LDM 中保存并共享数据。其好处就是，包括对以往用 CAD 制作的设计图再利用在内，实现了对 CAD 的有效利用。

　　如此，利用 PLM 管理不同格式的 CAD 数据，就能够实现不对两种版本的 CAD 数据进行转换，而将以往的三维设计图以参考模式调出。在新版本的 CAD 中，也实现了在参照现有设计图的同时制作新的设计图，具备了能有效利用庞大的历史设计资产的环境。

1-7 提高信息传递速度和正确性的，以主数据为中心的PLM

◆满足配合业务、引出必需产品信息的需求

过去，大多数企业都仅用生产零部件表来进行构成产品零部件信息的管理。另外，几乎所有企业设计部门的零部件信息都用零部件清单进行管理，以记录在设计图标题栏的表格形式来管理零部件信息。

但是，随着 PLM 导入的扩大，这一情况逐渐发生了改变。由于设计和生产部门共享组成产品的零部件信息，人们认识到了零部件表这一信息管理形式的必要性，在设计开发阶段就开始着手整理设计零部件表。

生产零部件表配合产品的生产制造工序，对计算必要数量和所需供应时间的相关信息进行管理。设计零部件表则有望将组成产品的所有零部件信息和生产制造以及供应这些零部件所必须的方法及条件等所有信息进行记录和管理。

因此，虽然设计者将生产制造所必需的信息全部录入了 PLM，但后续工序各部门并不需要所有设计零部件表的信息，只需拣出各部门业务所需部分进行灵活运用即可。

完成从产品功能到制造方法的说明的是设计部门，而设计部门设计出的产品信息被录入到了作为设计开发基础的 PLM 之中，因此后续工序的各个部门只要能够挑选出对自己部门有用的信息就可以了。

于是，仅表示各部门所需产品组成的功能被附加到了 PLM 中，后续工序的各个部门如果不能用销售管理系统及生产管理系统、补

给系统等符合自己部门业务的本地系统灵活运用这些信息，那么只参照产品构成信息没有任何意义和用处。

◆各部门之间的局部规则也能进行一元化管理

各部门为方便运作自己部门的业务，会令产品编号适用局部规则，所以很多时候没有与用 PLM 进行一元化管理的产品编号进行相互关联。因此，要想将产品信息配合后续工序的业务，流畅地散布到各个部门，就必须花费大量的人力和时间来转换信息。

于是，就需要创建一个在尊重各个部门的局部规则和系统的同时，将全公司一元化管理的产品信息作为正数据[①]，能从各个系统提取出来的全公司共通的数据库。

以主数据为中心的 PLM 实现了从对产品信息详细记录的管理到各部门必需版本数据的提取，用视图功能只提取出各部门所需信息，

图1-7-1　以主数据为中心的PLM的概念

---

① 注：作为公司内部分散的同种类信息的根源和基础的主数据。

与对方的业务系统协同合作等功能。

这样一来，就实现了全公司共通的数据库，以主数据为中心的PLM实现了产品的主数据信息及零部件表信息的统一管理，这种类型的PLM叫作"统一主数据系统"及"统一零部件表系统"。

通过用以主数据为中心的PLM将产品信息在全公司内进行一元化的管理，能够使产品编号的局部规则被淘汰，并作为推进全公司产品编号的整备的基础加以灵活运用。

而且，作为具有全公司整合性的正式数据，主数据的内容和位置得以明确，其结果就是由于横贯全公司的零部件表得到了整备，而使推动业务运作的信息流通速度和正确性得到了提高。与此同时，还有一个好处就是：在各部门对局部规则进行再建的时候，数据移动作业能够更顺畅地进行。

◆对灵活的系统运用有所帮助的，以主数据为中心的PLM导入案例

以主数据为中心的PLM与其说是提高设计开发效率的一种使用方法，不如说更像是由于公司的吸收、合并等原因，使企业内部出现了若干个相同的系统或是不同系统具有若干个产品编号体系，在这种情况下为实现全公司内流畅的信息流通而采取的一种方式。

大型汽车零部件生产厂商C公司，经过了对若干企业的吸收和合并之后，公司内部出现了数个相同的设计系统及生产系统。

各个系统都是根据吸收、合并前的公司的设计及生产形态建立的，因此不能单纯地选择其中某一个系统来使用。

当然，系统不同，产品编号体系等自然也不同，因此即使是生产相同的零部件，也存在着若干种产品编号。

于是，在对系统进行统一调整之前，为了整理出产品编号及零部

件表构造的差异，该公司导入了使用"全公司统一主数据"的以主数据为中心的 PLM 系统。

导入时几乎看不到任何投资效果，但由于从整体上整合了正确的产品编号及零部件表，所以在导入之后的新系统时，负担最重的数据转移也得以顺利完成。

以主数据为中心的 PLM 的效果不是体现在新系统建立之时，而是在进入实际使用之后，作为"对公司整体的正式数据进行一元化管理的数据库"，作为公司内部信息的顺畅流通基础发挥出其巨大作用。

第2章

理解构成PLM的各项机能

2-1 对构成功能的理解是 导入PLM的基础

◆仅遵循设计业务的流程无法构建 PLM

覆盖产品生命周期的 PLM 配备了各种各样、用途各异的功能。

另外，每个功能虽相对独立，但大部分都已实际安装好能够随时使用，因此，使用PLM时，并不一定完全符合设计者的工作流程顺序。

因此，这种"疏结合"的功能集合——"PLM 功能的构成"就成了制订 PLM 导入计划的要点之一。

下面，我们就对 PLM 和制订生产计划的 MRP[①]（物料需求计划）进行一下比较。要想实行 MRP 计算所需物料量，只是单纯地按下"实行 MRP"的按钮是无法展开所需量计算的。

要想使 MRP 发挥作用，必须要先对若干个相关问题进行处理，准备好数据，这样才能够得到最终结果。

而且，在实行 MRP 时，必须要经过以下流程：

> ①登记各阶段所需资材和零部件的"总需求量"，接着，再登记购入物品、内制物品的"预计入库量"。
> ②根据总需求量和预计入库量计算出"可使用库存量"后，计算

---

① 译者注：MRP，Material Requirement Planning，物料需求计划。即根据产品结构各层次物品的从属和数量关系，以每个物品为计划对象，以完工时期为时间基准倒排计划，按提前期长短区别各个物品下达计划时间的先后顺序，是一种工业制造企业内物资计划管理模式。

必须要筹备好的"实际需求量"。

③以计算得出的实际需求量为基准,调整计划"交货期及生产启动日期",按不同批次分别记录汇总。

这样一来,生产管理系统的引擎——MRP系统中的一系列处理流程就明确了,只要根据该流程建立功能体系,就可以实现系统的构建。

相比之下,在导入PLM的"设计开发业务"中也存在作业工序的流程,在保持各个功能独立的同时,即使所有功能都不使用,也能够进行设计开发业务。

人们思考、创造新事物的过程,有的充满了各种失败和错误,最终才找到答案,有的则是突然灵光一闪,靠直觉找到了答案。

图2-1-1 生产计划流程和产品开发流程

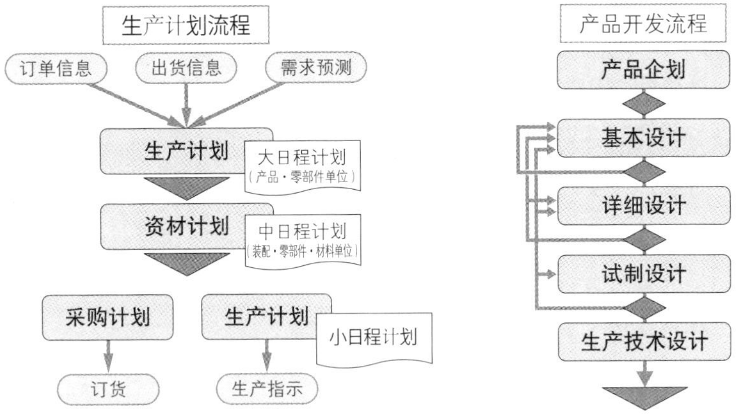

◆ PLM不是单纯的数据库,而是帮助人们思考的利器

PLM的作用是:能够对尚未成型的人类思考加以帮助,登记、积累必要信息,在多个成员间实现信息共享,创造出新灵感。

因此，我们构建 PLM 不是要将之作为单纯的数据库，而是思考如何帮助设计者思考，定义出其使用模型，这才是构建 PLM 的关键所在。

PLM 展现出来的是缝制用的缝纫机和木工使用的工具箱之间的差别。要想使用缝纫机，必须经过选择针线、穿针引线等必要步骤，才能够发挥缝纫机的功能。但是，木工使用的工具箱里有很多种工具，并没有"用完锤子之后必须用扳手"这类的硬性规定。

话虽如此，要想盖房子，所有工具都必然会以某种形式分别应用到各个作业工序中。PLM 的各项功能也具有这种特点。

了解工具箱中锤子和扳手的功能，就是为了掌握能手法娴熟地盖好房子所应具备的知识技能。同样，了解 PLM 所具备的功能特性，可以说就是在为设计开发业务构建更有效的系统而掌握必备的知识。

◆纵观构成 PLM 的 6 个作业阶段

接下来对构成 PLM 的功能做一下介绍。

PLM 具备的功能十分丰富，各个功能都能够独立使用。因此，

图2-1-2 由PLM处理的信息流程

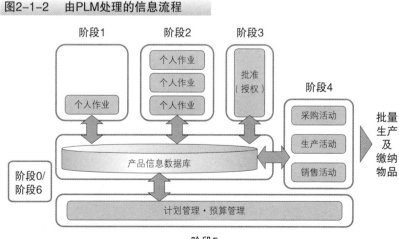

图2-1-3 使用PLM的作业循环

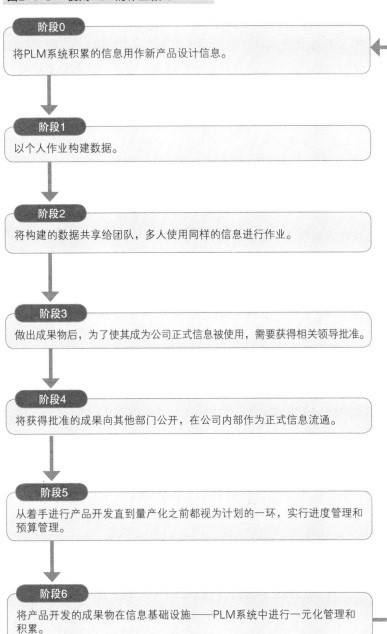

阶段0
将PLM系统积累的信息用作新产品设计信息。

阶段1
以个人作业构建数据。

阶段2
将构建的数据共享给团队,多人使用同样的信息进行作业。

阶段3
做出成果物后,为了使其成为公司正式信息被使用,需要获得相关领导批准。

阶段4
将获得批准的成果向其他部门公开,在公司内部作为正式信息流通。

阶段5
从着手进行产品开发直到量产化之前都视为计划的一环,实行进度管理和预算管理。

阶段6
将产品开发的成果物在信息基础设施——PLM系统中进行一元化管理和积累。

如果对这些功能分别进行说明的话就难以统观整体，无法把握 PLM 的优点。

因此，本节将围绕"构成 PLM 的功能是以什么为根据构成了 PLM"这一问题进行说明。

使用 PLM 的作业如图 2–1–3 所示，构成了一个循环的流程。

下面就将这一流程分解为各个单独的功能，分成阶段 0~2（第 2 章）和 3~6（第 3 章）两大部分，详细进行解说。

2-2 以积累设计信息、信息再利用为目的的数据构造

◆业务主数据和数据管理主数据构成了 PLM 主数据

PLM 的主数据不仅能利用数据库对文本信息进行管理，还可以处理包括 CAD 制作的图形数据及扫描后的图像、照片等在内的图像数据。

观察在 PLM 中作为设计信息被管理的主数据结构，可知 PLM 主数据是由以下两种主数据构成的：

●业务主数据
· 将设计图及设计变更等文档类属性以"元数据"这一文本形式在数据库中进行登记、管理。

●数据管理主数据
· 将以管理 CAD 数据及图像文件的位置为目的的文件路径和相关应用程序作为属性进行管理。
· 将实际文件保存在硬盘等特定位置。

业务主数据中，不仅有管理文档类数据的主数据，还有管理构成零部件表的零部件信息的品目主数据及管理产品构成、品目主数据和文档类数据相互关联的关联主数据。

PLM 主数据的构成特点是，将管理产品信息的各种个别主数据信息用关联主数据进行关联，将信息作为一个集中的整体进行管理，利用这种容易找到必要信息的形式来管理数据。

　　在关联主数据中，通过掌握有效日期及视图、零部件的必要数量（数额）等信息，能够轻松获取最新设计图及零部件实际情况简报，且能仅向使用者展示必要信息。

　　在各个主数据中，由于图号及产品编号等被作为取号相关的信息进行管理，所以新登记在主数据中时会与取号功能联动，根据规定的取号规则进行排号和给号。

　　通常情况下，图号及产品编号作为"主数据的钥匙"，其取号是作为特别（严密）管理的编号进行的。但是，图号及产品编号的号码多数情况下都会设定为具有一定意义的号码，根据作业的进度，有时也会先设置一个临时的编号，等之后需要变更时再进行改动。

图2-2-1　PLM管理下的主数据体系

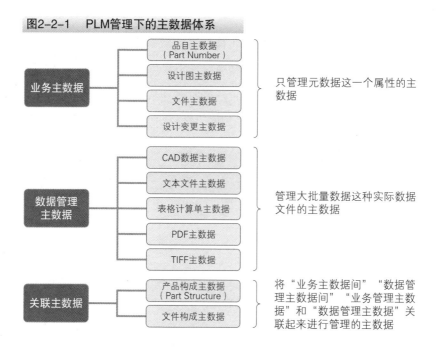

　　因此，正如大多数 PLM 的主数据能够将主数据在整体上进行特殊管理一样，系统也存在自动编号的"内部编号"和可以由 PLM 使用者自由登记、编辑的"外部编号"两种。

另外，设计作业也采取了共同作业形式，由设计部门对基本的制造信息进行判断、决策之后，再由后续工序部门录入供应价格及内外部制造内容的划分、工序信息等在生产制造中所必需的信息。

因此，作为设计信息登记的主数据分为"设计者能够输入的部分"和"设计者无法输入的部分"。之所以这么说，是因为由于部门的不同，不仅想要参考的信息及必要属性会有所不同，而且还有一些直到开始量产之前都无法确定下来的主数据属性。

◆利用 PLM 最大的特点——检索功能的现有 CAD 设计图的应用

使用 PLM 的检索功能能够在转瞬间从积累的庞大数据中提取出所需的必要信息，节省设计者找出所需信息的劳力和时间。从检索结果中不仅能够参考相关信息、获取必要知识，还能"有效利用以往设计技术"，所以，这种检索功能可以说是 PLM 最大的特点。

表 2-2-1　以把握检索需求为目的的行为矩阵

部门	人（职责）	行为	品目	设计图	CAD数据	设计变更
设计部门	设计者	制作数据	登记产品编号、登记产品特性	登记图号、登记制作说明	登记图号、登记制作说明	登记设计变更号码
		检索数据	按产品特性进行检索	按图号进行检索	检索产品编号、按图号进行检索	按变更内容对登录信息进行检索
	设计部长	批准授权	按产品编号进行检索	按图号进行检索	检索产品编号、按图号进行检索	按设计变更号码进行检索
生产技术	生产技术设计者	信息检索	按产品特性进行检索	按图号和制作说明进行检索	按图号进行检索、按制作说明进行检索	按变更内容进行检索

・所谓检索，一言以蔽之，就是由于作业中应承担的职责与内容之间存在差异，所以必须要事先搞清楚谁想要以什么为关键词寻找何种信息。
・由于使用检索功能的人只会检索已知信息，因此可总结各相关人物知道哪些信息，在确保这些人能够以这些信息进行检索的条件下，对检索功能进行制定和调整。

PLM 中所管理的设计信息具备按以下各种切入点进行检索、找出所需信息的功能。

①属性单位的检索（关键词检索）

以往，为了找出设计信息，只有一个有效方法，就是以产品编号为关键词进行检索。

但是，在 PLM 中，可以按登记在主数据中的属性进行检索，因此不仅可以以产品编号为关键词进行检索，找出零部件信息，还可以利用品目主数据中固有的名称及材料、由谁设计等设计者相关的属性进行检索，从各种各样的切入点进行检索，获取必要信息。

另外，在以属性进行的检索中，还能够同时利用"以关键词进行检索"及使用星标的"模糊检索"等进一步筛选备选信息，找出必需信息。

②关联检索

PLM 最大的特点就是"能够管理主数据和与主数据相关的关联信息"。

利用这一关联功能，关于品目的 CAD 设计图及制作说明书的文档类信息、不良问题的报告书等也能够通过从品目展开关联而轻松找到所需信息。

利用这种构造，只要能找到设计者想要调查的品种主数据，就能够顺藤摸瓜，逐一找出与品目主数据相关的所有信息，因此能够毫无遗漏地提取出所有必要信息。

③制作方法检索（配置检索）

利用登记为属性的关键词进行检索时，只能检索与关键词完全一致的信息。而进行产品设计时，经常会想要检索出诸如"长度为

100mm 至 150mm 的构件"等符合某一范围的零部件的"长度及重量"等信息。

也有一种 PLM，能够以这种条件进行检索，具备登记并检索重量、长度及价格等之中符合"在某上限值和下限值范围内"信息的功能。

④全文检索

在 PLM 中，不仅登记了作为主数据的元数据，还以与主数据相关联的形式，登记了 PDF 及文本文件等大批量数据。PLM 的检索功能也能够将这种电子数据的文件内容作为检索对象。

能够利用关键词将文件内容作为检索对象，对没有作为文本信息被登记在数据库中的电子化文件进行检索，这种方法在使用者想要靠模糊的记忆找出设计信息时十分有效。

⑤类似检索

属性检索及模糊检索能检索出包含用于特定检索的关键词的信息。但是，设计者不可能正确记忆所有的关键词。

比如：如果在数据库中登记了"弯折"这一数据，而设计者以"弯曲"为关键词进行检索就检索不到这一信息，出现找不到所需信息的情况。

为了避免这种情况的发生，最近在 PLM 搜索引擎中加入了文本挖掘[①] 这一功能。这样就能够用辞典将相类似的关键词归纳总结出来，在以"弯曲"为关键词进行检索时，辞典也会将"弯折"这一属性识别、判定为同义词，并在检索结果中显示出来，令使用者即使用不确定的记忆也能够找出必要的信息。

---

①注：文本挖掘，分割尚未定型化的自然文本，利用频率及相关关系对文本数据进行解析、检索的分析手法。

◆以确保安全为目的的检索权限设置

PLM 能在多名成员间实现信息共享，因此为防止不必要的人员看到信息，安保功能必不可少。

那么，这种能够令必要人员检索到所有信息、不相关的人员则意识不到该信息存在的安保功能是如何安装在 PLM 中的呢？

在大部分的 PLM 中，都采取了对象指向的思考方式。因此，用 PLM 管理的目录的检索权限的安全设置，根目录中设置的权限也能够在子目录中得到反映（继承），所以检索权的运用变得非常简单。

PLM 中检索权限的原则是以"使用者为纵轴""目录为横轴"的矩阵进行管理的。

表 2-2-2   检索权限的原则

目录（主数据）		品目信息	设计图信息	CAD数据	设计变更信息
职务	作业情况				
产品设计者	整体计划	×	CRUD	CRUD	×
	制作装配图	×	CRUD	CRUD	×
	制作零部件图	CRUD	CRUD	CRUD	×
	零部件图完成	RU	RU	RU	×
	设计评价	R	RU	RU	×
	出图	R	R	R	×
生产技术设计者	制作生产步骤说明书	R	R	R	CRUD
	进行金属模具设计	RU	RU	CRUD	CRUD

C ：Create   （可创建）
R ：Read   （只读）
U ：Update   （可更新）
D ：Delete   （可删除）
× ：未创建

纵轴定义为使用者及团队、计划等"管理人员及团队的对象"。

在 PLM 的使用者中，可以分成"作为登录 ID 进行管理的用户"和可以根据重新设定的规则改变对象的"动态用户"。

另外，为了把控对 CAD 设计图及品目等主数据的检索，PLM 还具有定义 Vault（参见第 50 页）这一保管场所等的功能，Vault 也与使用者及团队、计划一起，被定义为纵轴的对象。

横轴中，定义了用 PLM 管理的品目主数据及零部件表等"作为元数据的对象"、管理 CAD 设计图或设计文件的"批量数据对象"等的内容。

PLM 通过对这一以横轴和纵轴构成的矩阵设置"角色权限"，对各个使用者对象的检索权限进行了设定。

在角色权限中，不仅有"允许新用户登录""允许写入数据""允许读取数据""允许检索""允许删除"等单纯的检索权限，还可以规定，根据条件表达式（规则），只有符合一定条件时权限才适用。

通过对使用者及团队、计划等定义角色来确定属于该团队及计划的使用者的检索权限。

另外，在 Vault 中设置的角色权限中，当在 Vault 中对设计图数据及品目主数据等进行检查时，PLM 适用角色权限，且能进行检索控制。

2-3 阶段1：共享CAD数据的检索控制

◆ PLM 与 CAD 无缝合作

在 CAD 数据中，不仅管理着产品设计所必需的设计图信息，还包含着零部件及装配等的信息。这种用 CAD 制作的设计图信息虽说被各个独立的电脑分别进行着管理和共享，但只有导入了相同 CAD 的设计团队或部门内部才能够利用这些信息。

要想将最新信息快速地与后续工序共享，推进并行工程，必须实现 CAD 数据在全公司范围内的共享。

为此，多个 PLM 产品都配备了与 CAD 合作兼容的功能，不仅减轻了操作 CAD 的设计者的负担，同时还配备了从 PLM 中提取最新设计信息的功能。

比如：在 CAD 中安装加入 PLM 的插件软件后，操作 CAD 的使用者就能够不用区分 CAD 和 PLM，而通过简单的操作将 CAD 管理的零部件以及装配、设计图信息上传到 PLM 中。

PLM 这边则通过将获得的 CAD 设计图与零部件进行相互关联来对 CAD 设计图实施管理。另外，由于将零部件信息作为品目主数据进行了登记，可随时反映在零部件表中，所以用户可以参考最新的零部件表构成。

◆以确保检索权限为目的的排他控制的实现

由于 PLM 中登记的信息能够被各个部门的人进行检索，所以，为防止信息的不统一，且使没有权限的人无法恶意变更设计信息，PLM 设置了排他控制的构造。

为此，在 PLM 上设置了名为"Vault"的共享保管场所，Vault 不仅有零部件表及品目信息，还能管理设计图的 CAD 数据。

开始更新作业的人通过"check out[①]"这一行为，从登记在 Vault 上的数据中提取、下载自己作业范围内的信息，这样就可以更新内容了。

如果有人将数据 check out 并提取了出来，Vault 中剩余的数据就与 CAD 数据及零部件表无关了，其他人也不能再进行编辑。在将数

图2-3-1　check in 和check out的构造

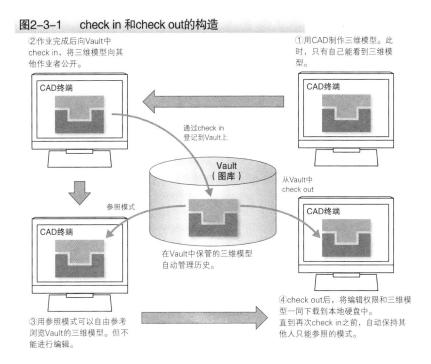

②作业完成后向Vault中check in，将三维模型向其他作业者公开。

①用CAD制作三维模型。此时，只有自己能看到三维模型。

通过check in登记到Vault上

Vault（图库）

从Vault中check out

参照模式

在Vault中保管的三维模型自动管理历史。

③用参照模式可以自由参考浏览Vault的三维模型。但不能进行编辑。

④check out后，将编辑权限和三维模型一同下载到本地硬盘中。直到再次check in之前，自动保持其他人只能参照的模式。

① 译者注：在比较大的项目中，为了避免不同的人编辑相同的代码，导致代码覆盖等错误，每个人改动代码时，要将改动的代码check out，这时别人就不能对代码改动，自己改完后，再check in 回去，别人才可以再次 check out 进行修改，这样就避免了代码的覆盖输写冲突等问题。

据 check out 进行作业期间，虽然 Vault 中的信息仍处于 check out 之前的状态，但由于只有进行 check out 的人具有信息的更新权限，所以其他人只能进行参照（只读），这种形式就是排他控制。

作业完成后，再通过"check in"这一行为将信息回传到 Vault 上，同时交还信息的更新权限。此时 Vault 上的数据呈任何人都可以提取、更新的状态。

另外，由于 Vault 能够设置检索权限，所以，可以根据作业进度——如作业中的 Vault、审批中的 Vault、正式图 Vault 等，对保管信息的 Vault 进行更改和使用。

正式图 Vault 中的 CAD 数据多向全公司公开，因此必须保证没有 CAD 的部门也能够参考和浏览。

通常情况下，需要将向正式图 Vault 中 check in（登入）的 CAD 数据转换成标准的图像格式，这样后续工序部门就能够使用比较廉价的图像软件来参考浏览 CAD 数据。

2-4 阶段2：使用PDM对产品信息进行一元化管理

◆ CAD 数据的互换性课题

设计者的主要成果物有：制作成 CAD 数据的设计图——CAD 数据。

CAD 数据是设计者将脑中所想的产品信息具体化后的成果物。由于 PLM 系统是一种管理产品信息的体系，因此产品信息的主要成果物——"CAD 数据"和体系化地管理构成产品的零部件信息的"零部件表"就成了 PLM 管理的主要成果物。

在管理 CAD 数据时，会使用到 PDM（Product Data Management，产品数据管理）功能。

CAD 数据会因 CAD 产品的不同而有不同的特点，提取数据及信息的构造也因 CAD 供应商的不同而在功能上有所差异。因此，能在何种程度上对 CAD 数据的信息进行详细管理，将会左右 PDM 功能的实际安装方针。

如果使用同一 CAD 供应商提供的 PDM，则 CAD 和 PDM 的兼容性会较好，这一点毋庸置疑。在全公司都使用同样的 CAD 软件的企业，一个简单的方法就是，构建出能使用 CAD 供应商提供的 PDM 产品来管理 CAD 数据的架构。

但是，由于客户和设计的产品的不同，会出现需要分别使用 CAD 软件的情况，或是在公司内部同时存在多个 CAD 软件的情况，这种情况下不同 CAD 软件能够实现的功能范围也不同，因此在讨论 PDM 功能的时候必须要引起注意。

说到 CAD 供应商的 PDM 产品，除自己公司提供的 CAD 产品之外，对其他 CAD 产品在功能上多有限制，会因应 CAD 的种类而发生一些使用方法上的变化。

要想对 CAD 的使用方法进行统一，实现操作的标准化，应该选择所有供应商的 CAD 数据都能处理的 PDM 产品，这样使用起来会更加容易、便利。

◆通过并行工程实现信息共享

在管理 CAD 数据时，必须最先讨论的重点是"开始进行 CAD 数据管理的时机"。

如果设计者能将用 CAD 制作的产品信息尽早地与设计后续工序——生产技术及采购、质量保证部门等共享，就会产生后续工序可以及早着手讨论等的好处。其优势就是能够将设计者没有察觉到的，通过生产制造的视角发现并指出的事项在较早阶段反馈给设计者。

这种作业推进方式称为并行工程（Concurrent Engineering），也叫同步工程（Simultaneous Engineering）。设计者如果能在设计的早期阶段得到后续工序的反馈，就能够将后续工序发生的课题提前反应在设计图的内容之中。

在防止大幅度的设计返工的同时，还增加了设计阶段制造产品的必要条件，这样便能够预测制造阶段的不良问题，削减成本提高的要素等。

然而，未能充分讨论、尚在讨论过程中的设计图，随着设计工作的推进其内容也会发生改变，因此如果在过早的阶段就公开的话，就会使设计变更工作不断增加。

虽说设计的后续工序部门的人员希望能够尽早地确认信息，但

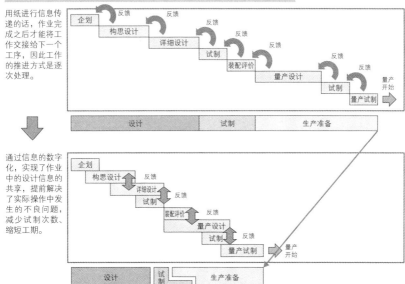

図2-4-1　並行工程の構造

用紙进行信息传递的话，作业完成之后才能将工作交接给下一个工序，因此工作的推进方式是逐次处理。

企划　構思設計　詳細設計　試制　装配評价　量産設計　試制　量産試制

反馈　反馈　反馈　反馈　反馈　反馈　量産開始

設計　試制　生产准备

通过信息的数字化，实现了作业中的设计信息的共享，提前解决了实际操作中发生的不良问题，减少试制次数、缩短工期。

企划　構思設計　詳細設計　試制　装配評价　量産設計　試制　量産試制

反馈　反馈　反馈　量産開始

設計　試制　生产准备

如果设计信息不断变化，就会导致多次重新讨论相同的设计图，从而浪费时间和精力。

因此，大家只能耐心等待设计制造说明的最终成型，好不容易创造出了能够在较早阶段实现信息共享的环境，但却无法发挥出设计信息早期公开的优势。

为此，在构建PLM之际，考虑CAD数据的有效管理时，确定"在什么时机、将何种数据、与谁共享"就成了构建对企业有益的并行工程环境时最重要的点。

◆标准PDM的处理流程

下面，就对CAD和PDM功能之间在管理CAD数据时的代表性处理流程进行说明。

作为 CAD 数据被管理的信息有二维 CAD、三维 CAD、电子 CAD，虽然这些信息略有不同，但为了统一表述，在本书中将"使用三维 CAD 机械设计制作的三维模型和 PDM 之间的协作"分为 6 大步骤，并基于此逐一进行说明。

1. 图号的取得·取号

用 CAD 制作三维模型时，在 PDM 中进行设计图编号的取号申请，取得图号，将设计信息进行特殊管理。

在此阶段取号的图号也有一些尚未确定该设计图是否作为设计方案被采纳的部分。

因此，同时考虑到该设计图最终未被采用到产品设计中的情况，采用直到取得正式图号之前都使用临时编号——"临时图号"的编号体系，对设计图进行管理的例子比较多见。

图2-4-2　灵活运用PDM的处理流程

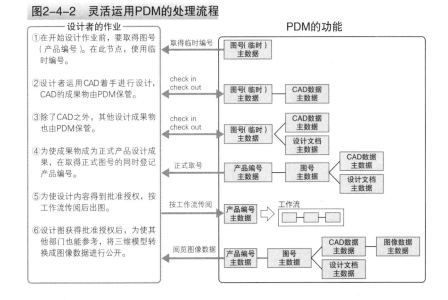

2. 三维模型的制作

在此阶段，要用 CAD 制作三维立体的零部件模型数据。

在开展设计作业时，通常是将每个产品分成若干个模块或零部件，分摊给几个负责人分别进行设计作业。

各个设计者将负责的零部件模型从共享作业领域——Vault 中下载、提取出来（check out），推进作业，作业完成后再回传到 Vault 上（check in）。以此来将设计作业的最新状态与其他设计者共享，开展合作设计。

为保证 check out 后的模型不被其他设计者变更，其内容会处于锁定状态，但可以查看。另外，check in 后的模型也可以与其他模型合并统一。

此时，可以确认与其他设计者的成果物之间的干涉程度。由此，设计者能够确认其他设计者的工作进度情况，或将其他设计者制作的三维模型编入自己制作的三维模型，在确认相互间没有影响的前提下开展工作。

3. 其他设计文件的管理

产品设计的成果物不仅是设计图的 CAD 数据，还包含定义所设计产品功能的"功能说明书"及"技术指导书"、计划产品成本的"产品成本计划表"及"各种调查资料""检查表"等产品相关的各种资料。

在这些资料中，包含着以设计产品为目的的设计意图，因此，在提取该产品信息时，必须要能够轻松找出设计意图这类相关信息。

这些产品信息大多以产品编号进行检索，因此，将与管理产品编号的主数据相关的文件关联起来作为一系列的数据进行管理，就能够顺藤摸瓜，轻松找到必要信息。

这些相关文件会被 check in 到 PDM 中的 Vault 上，让其他设计者共享并使用这些信息。

4. 正式产品编号的取得与属性的授予

设计方案是从若干个方案中挑选出来的"最佳"方案。设计刚开始时，设计图按产品编号取得的"管理编号"也会在该设计方案被采用或成为有力候选时，再次对设计图编号的"图号"和零部件编号的"产品编号"进行取号，取得正式编号。但是，大多数情况下，图号的使用采取的是给产品编号添加版本的形式，正式取得一个产品编号来作为钥匙码，再根据产品编号确定正式图号的例子较为多见。

在考虑零部件的标准化及通用化时，为实现产品编号在全公司内的一元化管理，需要导入 PDM，统一取得一元化的产品编号进行管理，这样才能实现全公司内的特殊产品编号管理。

产品编号的取号是 PDM 品目主数据的关键属性。而且，只有将产品编号以外的零部件特性及供应信息、有效 / 失效等的管理信息、作为系统主数据的必要信息等一并追加录入到品目主数据中，品目主数据才完整。

5. 设计图的批准授权

设计者负责的工作完成之后，需要将该设计信息在公司内部进行传阅，接受大家对设计内容的评价。

针对这些设计部门中的实现方法及性能、形状等固定的内容，设计师要接受生产技术及采购、质量保证部门等其他部门的评价，刷新、优化设计内容。

生产技术部门会从"方便制造"的视角、采购部门会从"价格及生产前置时间"的视角、质量保证部门会从"质量水平及安全性"的视角指出设计方面的问题。并且，后续工序的评价需要设置一个"设计评论"的正式场合，集齐各部门人员对设计内容的不良问题进行深究。

另外，将从遵规守法的视角考虑问题的环境部门也纳入评价体系的形式逐渐增多了起来。

通过 PDM 的导入，为企业创造了全新的环境，其他部门的专业意见得以尽早地反映到设计内容之中。因此，设计内容会在尚未完全定型的阶段公开给其他部门，听取专业意见，使削减设计返工的"并行工程"得以实现。

为实现将设计信息交由其他部门进行信息传阅，需要用到 PDM 的工作流功能。通过使用 PDM 的工作流功能，将信息通过一系列的操作登记到 PDM 之中，就能构建出允许其他部门传阅的系统。

听取其他部门的意见，最终设计内容定型后，设立一个发布正式设计图——出图的里程碑，确定设计图内容（设计内容）。

出图之后的变更对后续工序的影响很大，因此需要实现将变更内容通知给相关人员的手续的标准化，为此，要使用"设计变更单"等单据，走正式变更程序，办理设计内容变更手续。

6. 查看用数据的制作

在进行并行工程及出图等阶段，将 CAD 设计图信息交由设计之外的其他部门传阅时，必须要保证信息的接收方能够看到 CAD 内容。

但是，CAD 应用程序价格高昂，要在全公司范围内导入，在成本方面难以实现。

于是，为了使后续工序部门能够简单轻松地查看 CAD 数据，我们在后续工序各部门导入名为"Viewer[①]"的能够查看二维、三维 CAD 数据的工具，建立了即使没有 CAD 软件也能查看用 CAD 设计

———————

① 译者注：阅读器的一种。

的内容的模式。

这样一来，不仅使阅览用的查看数据能够查看 CAD 设计出来的内容，并且为了在网络上进行转送、传阅，还将数据转换成能大幅削减文件容量的格式加以运用。

CAD 数据作为传阅信息被投入到工作流中之后，PDM 就会自动地将文件格式进行转换，因此，查看数据的部门即使没有导入 CAD，也能够检索必要信息。

◆以对主数据进行识别、分类为目的的取号功能

在 PLM 管理下的主数据类信息必须在统一的编号体系下进行管理。编号体系需要具备以"识别"为目的的功能和以"分类"为目的的功能。

以"识别"为目的的功能只要能够识别出每一个主数据即可，所以只需将识别出的对象单纯地设置连续编号就足够了。

只要将以"识别"为目的的连号作为切入口进行特殊（单独）管理，将其他必要信息保存到属性中，则不管是零部件或是设计图，都能够从其属性中读取必要信息。

由于"识别"的编号体系也可以是单纯的连号（无意义的产品编号），因此，可以自动计数取号，得到连号。

作为用于识别产品编号的编码，为了即使在单纯地采用毫无意义的编号体系时，也能让不知情的人能够轻松看懂，编号具有某种程度的统一和一致性会更方便。

因此，在编号计数时，为了能在一定程度上应对产品编号的追加及消除，只要以每十号的相等间隔进行计数取号，就能够应对之后的追加和消除了。即使在采取"识别"型的编号体系时也必须要做一番准备。

但是，仅将连号作为编号体系使用时，必须将主数据一个一个打开以确认内容，所以非常不方便。如果是能够使用电脑的环境，也可以马上参阅，但在工厂等生产制造现场，也会有一些无法马上使用电脑的环境。

因此，为了仅看编号就能够在一定程度上了解其意义，人们就将"分类"编码也包含在了编号体系之中。所谓"分类"信息，就是对能够识别该品种的目的及功能等特性的信息进行编号。

"分类"编码中的字母及数字都具有一定的意义，因此，只要记住其中的规则，就能够仅凭编号了解到这是什么零部件了。

但是，对"分类"信息进行详细管理之后，编号体系就会变长，对"分类"类型的追加及变更等的维护也非常费力，在取号时使用的规则也会变得复杂，因此必须要多加注意。

在"分类"编码体系中，如"产品""装配""零部件""材料"等基于长期视角进行区分的定义更为有效。

于是，最终形成了用"识别"编码和"分类"编码相结合的编号体系进行取号的形式。

将产品编号中的"分类"区分缩小为最小限度，将剩余的信息作为 PLM 主数据的属性进行管理，就能够避免产品编号体系的复杂化。

产品编号和图号为了应对设计变更，必须要考虑进行历史管理的修正校订。

将经过修正校订及改订等之后的编号与产品编号、图号相区别后，在主数据上进行管理，就能够在不破坏"一物一编号"的管理体系的基础上加以运用。

用 CAD 画设计图时取得的"临时产品编号"和作为 PLM 上的主数据被管理的"正式产品编号"之间，在产品编号所具有的重要性及活用范围等方面各不相同，因此用其他的体系进行管理更为合适。

另外，产品编号和图号的主编码授予的是"产品编号"，副编码

图2-4-3　编号体系的"分类"与"识别"

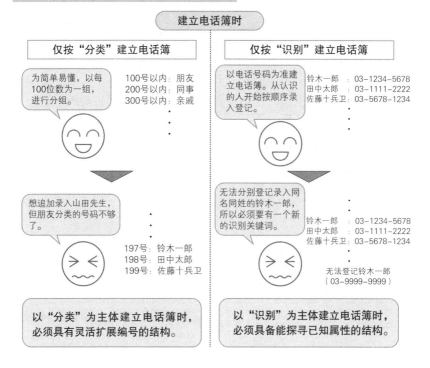

授予的是"设计图管理上的管理编号"，这种仅看编号就能想到相互间的关联性的体系，使现场使用的管理变得更加简便。

在用 PLM 获取编号时，为使"识别"和"分类"的取号变得更加简单，可根据主数据的不同种类作为"分类"关键词进行区分，在取号时录入该品种的特性，采用与之相符的规则设置系统取号构造，这样的例子也很常见。

◆取号功能中应考虑的 4 个方面

在构建 PLM 中的取号功能时，必须考虑到以下 4 个方面：

1. 以"分类"为目的的条件选择

PLM 备有品目及设计图、设计变更等多种主数据。为使主数据不同时采用相同编号也能明白其中意义，必须要分出其中一个"分类"给该主数据的种类，并进行取号管理。

在相同的主数据内，也必须要具备根据关键词属性对编号进行分类取号的功能。

另外，"分类"关键词有时也只能由人来选定，因此，对"分类"编码进行取号时，最好先做好能够随意输入的准备。

2. 取号的范围

对"识别"编码进行取号时，有时会要求划分一定程度的取号范围，将编号进行分类管理。

虽然也有将连续号码一位一位地计数排成图号的方法，但由于图号的取号是在全公司范围内进行的特殊管理，因此即便想要将相关联的设计图排成相近的编号，也有可能被其他人先取得该编号。

为了使工作成果的关联性简单易懂，有时也会以一定间隔进行计数取号。

另外，在据点分离等情况下，会以一定的编号范围对各个据点分别进行管理，这样就很容易识别出成果物是哪个据点的产物。因此，就需要系统具备能重新限定取号范围的取号功能。

3. 根据现状分割编号

在设计阶段会经历很多次失败和尝试，也会产生最终未被采用的设计方案。

但是，由于无法判断究竟将哪个方案定为最终方案，必须先将管理编号作为关键词，对成果物进行取号、管理。

在这种无法确定最终方案的情况下使用的管理编号，必须要能够同时应对"临时"取号和"正式"取号这两种方式。

对临时产品编号进行取号时，会根据构建系统的功能进行各种各样的设定和准备，如：根据编号范围分开管理的类型、以主数据具备的属性进行识别的类型、赋予"分类"关键词进行识别的类型等。

另外，最近还出现了一种取号系统，能够将临时产品编号的不确定位数先空出来，仅对确定部分进行取号，等到未确定部分获得批准授权后再授予编号，作为正式产品编号使用等。

4. 作为设计历史记录的版本管理

在思考图号及产品编号的历史记录管理时，要配备与能够识别设计图及品目的关键项目不同的管理历史记录的编号属性。

这些属性会作为由于设计变更而引起的历史记录管理及以讨论其他设计方案为目的的历史记录管理编号被活用。

与设计变更相关的历史记录管理编号被称为校订（修订编号）。而相对的，讨论替代方案及作业历史记录的管理编号被称为版本编号。

◆对管理数据进行管理的零部件表

PLM 管理的数据是以零部件表（BOM）为中心进行管理的。零部件表是产品构成材料及零部件信息的清单，是管理产品制造方法的信息单位。

这个零部件表是设计者告知供应产品构件的负责人及装配产品的负责人"产品生产必需的零部件和材料"的信息来源。设计者担负着将想好的构成产品的零部件明文化，并传达给后续工序的职责。

设计者将想好的产品设计信息明文化，制成零部件表进行管理，这样就能够向与后续工序相关的众多人员同时传达设计内容，且能够及早进行构件采购的先期准备及装配性和质量讨论。

构成 PLM 管理的零部件表中的信息，其形式如下：零部件表的顶部设置为"成品"的主数据，其下方依次由产品的"组装"及"组件（组装零部件）"、以及最后的"零部件"构成，通过定义各个零部件之间的从属关系这一形式，来管理产品的设计信息。

PLM 管理的零部件表有"表型"和"树型"两种表现形式。为使零部件表的层级构成中的零部件位置更易把握，在很多 PLM 中都采用树型构造的零部件表。

表型和树型形式的零部件表具有以下优缺点：

●表型的零部件表

优点

· 可将构成成品的零部件一览无余。

· 使用方法简单。

缺点

· 数据庞大，零部件信息查找困难。

· 零部件需要统一和调整时，表格的再编辑费时费力。

· 因为是表格形式，因此能表示的信息有限。

●树型的零部件表

优点

· 可将使用的零部件信息以摘要形式简单表示。

· 可根据产品的装配顺序将零部件层级化。

· 可省略购入的零部件构成，制作零部件表。

缺点

· 改变组装零部件及层级构造的位置非常麻烦。

· 即使是层级较深的零部件表也必须要从最上方展开，信息的编辑和加工比较麻烦。

表型零部件表（部件清单型零部件表）的优点是"一览性"。在制作设计图的同时，以表的形式追加记入用设计图设计的零部件及组装零部件相关信息，制成部件清单。最终，构成成品的所有零部件的内容都被记录到清单上，表型零部件表——部件清单即告完成。

另外，这种表型零部件表能够将构成成品的零部件一览无余，同时，由于只需要按照设计作业的顺序登记录入构成零部件的信息，因此制作起来非常简单。

记述方式也很简单，只需要在设计图中记入零部件的形状和尺寸，再给该零部件加上"带圈"数字，在部件清单中与带圈数字对应的编号栏中记入设计图上无法表示的材质及重量、加工方法等零部件特性即可。

缺点是如果记载所有零部件信息，则会使信息量过大，表格会变大，导致零部件信息检索困难。另外，在进行零部件的统一和调整时，表的再编辑费时费力，表型能够表现出的信息也很有限。

图2-4-4　部件清单型零部件表

编号	零部件名称	材质	数量	重量	工序	备注
4	金属板	SECC	1	20g	工号4	
3	主体	SS400	1	400g	工号1	
2	螺丝	SUS	2	10g	工号3	M25×3 l60
1	上盖	SS400	1	400g	工号2	

树型零部件表的优点是，将组装顺序等层级化，"从成品的一级装配到构成基层的子零部件都能够进行层级化管理"。因此，可以只挑选出组装所必需的构成内容，不必要的信息就不显示，使展示内容变得更加简单。

要想知道产品必需的零部件，有部件清单就足够了，但部件清单必须参照记载着所有零部件信息的一览表。

使用树型零部件表则能够将使用的零部件信息以摘要的形式简单地表现出来，根据产品的装配顺序对零部件进行层级化，省略购入的零部件构成，建立零部件表。

树型零部件表的缺点是，"要想改变构成零部件表的零部件层级构造的位置比较麻烦"。另外，还有一个缺点就是，如果是层级较深的零部件表，即便只想看必要的局部装配组件层级，也必须从最上层开始展开，层次构造的编辑、加工较为麻烦。

图2-4-5　树型零部件表的分类

分类	构 造	使用实例
A型	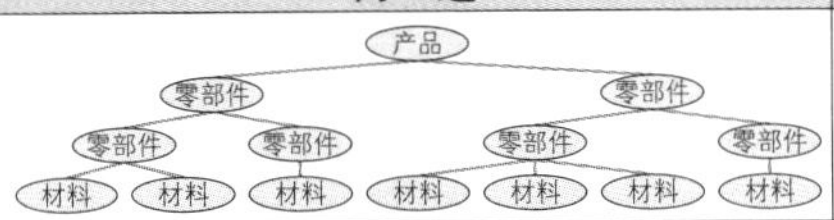 产品／零部件／零部件／零部件／零部件／零部件／材料／材料／材料／材料／材料／材料／材料	●一般组装业
Ⅰ型	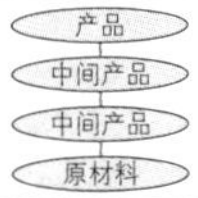 产品／中间产品／中间产品／原材料	●素材加工业 成型加工、金属加工、木材加工等。
Ⅴ型	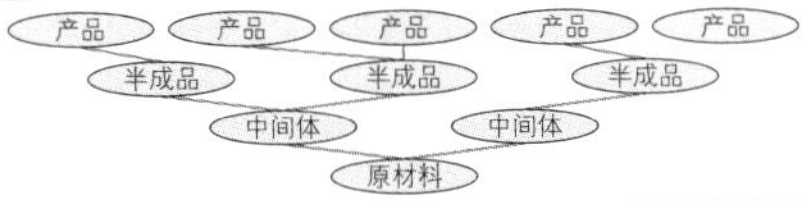 产品／产品／产品／产品／产品／半成品／半成品／半成品／中间体／中间体／原材料	●石油精制 原料能够制作多种产品。
Ｔ型	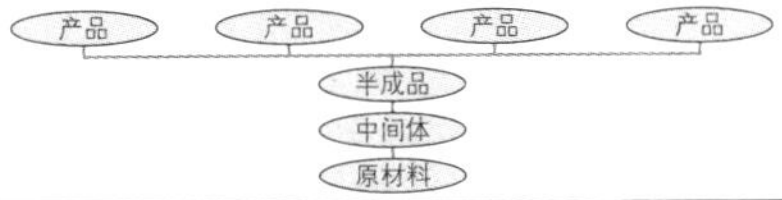 产品／产品／产品／产品／半成品／中间体／原材料	●水晶振子 制作出不同产品。 检查后，确定产品特性。
Ｘ型	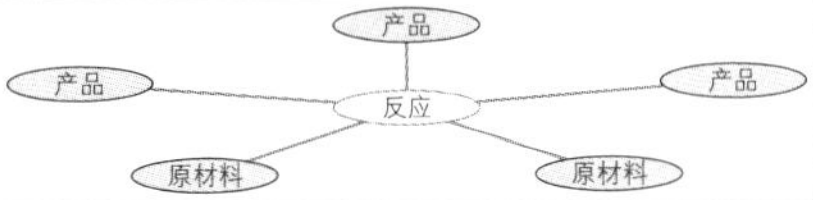 产品／反应／产品／原材料／原材料	●化学试剂制造 通过化学反应制造多种产品。

◆易于与其他产品进行比较的矩阵型零部件表

管理零部件表产品构成的方法不仅有部件清单型零部件表和树型零部件表，还有一种，叫作矩阵型零部件表。

所谓矩阵型零部件表，就是"纵轴定义为产品群""横轴定义为零部件及配置、发货"等，将产品在标准构成方面的变化制作成一览表的零部件表。

比如说汽车，一种车种的汽车，其构成基本相同，但由于发动机输出功率（动力）的差异，会有若干种变化。

发动机动力不同，就必须为了加强和隔音而追加采用构件。而且，通常发动机动力越高，车就越高级，所以每款车对安全气囊和车载导航等配置选项的"标配/选配"处理也不尽相同。

同样的，即使是基本构成一致的产品，由于销售的发货地和销售形态有区别，所以产品使用的零部件也会有差异，在这种情况下，能够将使用的零部件一览无余地展现是矩阵型零部件表的特征。能够一览无余，与其他模型之间的比较也会比较容易，能轻松确认零部件的共通程度，因此该类型的零部件表还能活用于零部件的标准化方面。

图 2-4-6　矩阵型零部件表

按发货地（选项）区分的零部件表

级别＼选项	安全气囊	ABS	立体音响	空调	车载导航
1000cc	×	×	1	1	1
1500cc	2	×	1	1	1
1700cc	2	4	1	2	1
2000cc	4	4	1	2	1

※表内数字表示使用的零部件数量

详细零部件清单

编号	工序	零部件名称	材质	数量	重量	备注
1	工号1	主体	SS400	1	400g	
2	工号2	上盖	SS400	1	400g	
3	工号3	螺丝	SUS	2	10g	M25×3 l60
4	工号4	金属板	SECC	1	20g	

像这样，零部件表的表现形式有多种种类，但这不是构成产品的内容发生了变化，而是产品构成管理方式有所不同而已。

在 PLM 中被一元化管理的零部件构成是一种，但根据使用者的目的将各种各样的零部件表表现形式进行区别使用，能够将必要信息的使用以更加简便的形式提供给使用者。使用者准确无误地解读复杂的产品构成，构建对生产制造有所帮助的架构，这是在讨论零部件表时的重点。

另外，最近在 PLM 中也出现了兼具表型和树型两种方式优点的混合型零部件表。

◆构成零部件表的 P/N 和 P/S 两种主数据

在 PLM 中管理零部件表时，零部件表由 P/N（品目信息：Parts Number）和 P/S（零部件构成：Product Structure）这两种主数据构成。

P/N 是管理每一个零部件信息的主数据，虽然零部件表的部位也具有"组装"及"装配"这种总分关系，但基本上是以该部位零部件信息的产品编号为关键词进行管理的主数据。

在 P/N 上登记的属性会因企业不同而有所变化，但主要信息还是以以下项目为属性进行管理的。

- 品种相关的一般管理信息——"产品编号""产品名称""材质""重量"。
- 管理品目信息的"重量""长度""数量"等数值和单位。
- 与设计图信息及成本、采购、生产等相关的"管理信息"。
- 以管理设计变更导致的历史记录变化为目的的"校订（修订）""版本""有效日期""失效日期"。

以品种管理为目的的"标准品"及表示"供应品"的标志及属性等——这些零部件分类属性会根据信息管理方针进行管理。

另外，表示零部件必要数量的"数额"等也在 P/N 中被管理，相同零部件用到不同部位及不同个数时，为避免产品构成的表示过于复杂，有时也会作为 P/S 的零部件构成信息进行管理。

P/S 与 P/N 具有从属关系，对信息进行分层级管理。

产品设计时，会先在"计划图"中设计产品的整体形象，但到了产品的详细设计阶段则要考虑装配性及加工性，因此会在将零部件分散之后，分摊给各个负责人继续设计。

计划图首先可以按功能分成若干个单元，将设计作业分摊给多个负责人。分派到任务的负责人根据设计工作的推进，制作该单元以下的产品构成，当整个单元以下的构成全部定义好之后，零部件表即宣告完成。

图2-4-7　P/N和P/S的作用

登记在 P/S 中的属性除了母属性 P/N 的产品编号和子属性 P/N 的产品编号之外，还有以构成展开为目的的标志及管理信息等。

所谓以构成展开为目的的标志和管理信息，就是具有内、外制的区别及设计变更的有效日期，构成展开时能够只展开必要信息。使用这些管理信息，下层的 P/N 即使相互关联在一起，也能够不显示出不必要的信息。

拥有了构成展开的控制信息，就能够仅参阅必要信息，因此，就能够轻松实现只显示最新信息，或将过去历史记录全部显示出来等功能。另外，在 P/S 中收录数额信息等，就能够以较少的 P/N 数展示出零部件表。

◆ 了解管理构成的 10 项功能

为了让设计者能够从构成 P/N 和 P/S 的零部件表信息中，以各种形式提取出必要信息，PLM 配备了各种零部件表的使用功能。

PLM 不同产品安装的功能各不相同，在本项内容中，将介绍 PLM 具有的各种构成管理功能，解释说明如何应用 PLM 管理的零部件表。

1. 零部件表的正展开

零部件表是以层级构造进行管理的。零部件表中有产品所具有的全部零部件信息，管理产品信息的主数据作为一级组件 [①]，将数千或数万件零部件按层级进行管理。

但是，如果这样的零部件表被全部展开，会变成非常庞大的表型或树型零部件表，处理起来非常困难。

因此，PLM 就配备了只在必要的部分展开或关闭零部件表的层级，只参阅想要看的组件层级下所属的零部件的"展开功能"。

具有了这样的展开功能，就能够轻松确认装配时用到的零部件了。

2. 零部件表的逆展开

与零部件表的正展开功能——从最上方位置的组装零部件开始逐

---

① 注：表示位于产品构成最前头的产品等的组装零部件。

次展开，寻找零部件的方法——相反，零部件表还具有以调查下部位置的构成零部件用于哪个组件单元为目的的功能——"逆展开功能"。

図2-4-8　零部件表正展开、逆展开的构成

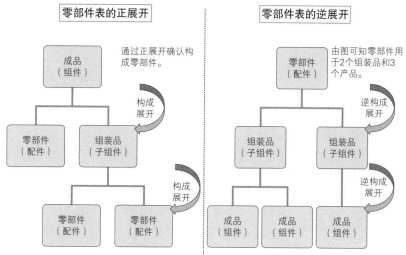

这是一种选择想要查找的零部件进行逆展开，将使用该零部件的母零件展开的方式。

此时的母零件不仅可以是同一产品，即使是其他产品中所使用的零部件，只要是母零件，就也能够展开。

通过逆展开功能，能够轻松调查出变更各种各样的产品所使用的标准零部件时对产品的影响程度。

3. 零部件表的修订展开

在用设计变更更改零部件表时，将修订前后的构成录入校订内容中进行历史记录管理。通过将若干变更经过作为历史记录进行保存，能够追溯变更产生的原因和过程，将以往的应对策略信息作为技术、

技巧加以灵活利用。

要想将修订存档登记后的构成向后续工序正确传达，也可以只展开批准授权后的修订内容。另外通过这种做法，设计者还可以管控正处在设计过程中的信息，将其作为未批准授权的修订内容不显示给后续工序的人员。

4.零部件表的编辑

要想把含有多种零部件的零部件表逐个定义出从属关系并编辑其构成，是非常费时费力的。因此，为了能够简单易行地编辑零部件表的构成，PLM 配备了以下功能：

●**在零部件表上添加新项目的功能**
- 选择要补充零部件的程序集，将根品种主数据作为子零部件登记录入的功能。

●**复制 & 粘贴功能**
- 复制有次级构成的程序集，粘贴在任意零部件下，节省登记录入相同构成的时间、劳力的功能。
- 想使构成本身移动时，将想移动的程序集直接按住鼠标拖动到所需位置即可。

使用这些功能，将之前设计好的构成信息作为样板直接挪用，缩短设计时长，将标准零部件及构成作为样板使用，能够促进零部件的标准化和通用化。

5.零部件表的比较

还有一种功能是为了了解变更前和变更后构成的变化，将构成进行对比，把有异同的部分用颜色进行区分表示。

构成的比较有两种形式："仅在同一层级的比较"和"包括基层在内的所有构成的比较"。

另外，不仅是构成的位置信息的变化，数额等品目主数据的属性信息的变化也可以进行比较表示。

6. 截图和基线

在讨论构成时，有时会从装配顺序及外部供应的零部件占比等各种角度进行探讨。

在这种情况下，可以将讨论中的构成方案截图，并将其历史记录分开保存，或者将基准构成设置为不可更改，按不同修订版本管理历史记录，用"基线"等方法保存以往的构成。

7. 有效期限

为让使用者能够随时检索到有效版本构成，零部件表设置了有效期限来进行构成管理。

有效期限中采用的日期及状态、批量号等信息之中，可通过仅对有效信息进行构成展开的功能对信息进行管控。

8. 视图

由于不同部门的工作职责不同，所以即便是对于相同产品的零部件构成，想要查看的部分也有所不同。

为满足这种需求，出现了一种视图功能，该功能能够仅将零部件表的构成信息中想查看的部分划分出来进行查看，即便是相同程序集也能够显示不同的构成信息。

9. 替代品管理

在 PLM 中，由于零部件的从属关系是关联起来进行管理的，因此改变相关联的种类能够将构成的零部件——"标准零部件"及"替代零部件""交替零部件"等作为产品构成进行管理。

10. 配置管理（分类功能）

在管理具有多个选项的产品时，会使用一种叫作"分类"的功能对选项零部件的信息进行管理。

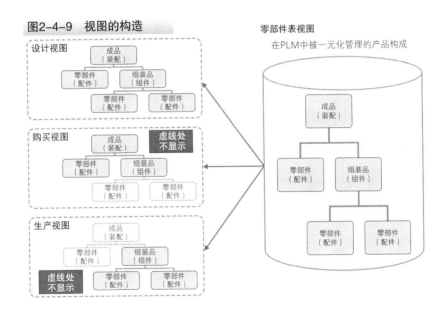

图2-4-9　视图的构造

从分类条件是以计算公式的形式登记录入的产品构成中，根据输入条件选出品目主数据中分类属性一致的基本零部件和选项零部件，就能够提取出包括最适合的选项零部件在内的构造。

另外，不将分类条件放在品目主数据中，而是由关联数据持有，这样一来，就能够显示出符合要求的选项变化。

◆按不同目的管理的零部件表种类

PLM 是以零部件表为中心、以产品为单位进行信息管理的。零部件表的信息，最初是利用计划图或组装图中的产品整体构成信息，组建一个临时的零部件表。然后，添加上包含各个零部件图的零部件构成信息，作为最终版本的零部件表，完成构成。

零部件表中不仅将 P/N 及 P/S 信息，还将以作为设计成果物的 CAD 数据为代表的设计图信息及材料表、装配说明书、作业顺序表等都与品目信息相关联进行登记录入，对产品设计相关的所有必要信息都进行了一元化的管理。

设计者虽然将生产产品的所有必要信息都留存在了 PLM 之中，但在生产制造的各个工厂现场，没有必要参照设计者留存的全部信息。

在后续工序的各个现场，只需参照自身作业所必需的信息即可，为此，PLM 中配备了按不同目的展示零部件表的"视图"功能。

图 2-4-10　零部件表的使用目的

部门	目的
产品设计	传递产品所必需的零部件信息
工序设计	设计产品的装配顺序
生产管理	进行零部件所需数量的展开，建立生产计划
采购	讨论进货单价及方式、前置时间
库存管理	讨论基准库存及补充量
生产车间	装配顺序的标准化和工序·生产线的设计及使用
物流	物流单位的讨论、包装·包装材料的讨论及使用
销售	销售选项的管理及交货期的把控
售后服务	按客户进行选项管理及备件管理
设备保养	对保养零部件进行供应、保养历史的管理
会计	制造成本的把控
信息系统	信息的一元化管理

使用视图功能对产品信息进行管理，能够将一元化管理的零部件构成信息（零部件表）根据各部门的目的，仅显示出必要信息，灵活运用。

按目的划分，零部件表的种类有：设计零部件表及生产零部件表、销售零部件表、补给零部件表（备件）、成本零部件表等。

1. 设计零部件表（EBOM：Engineering BOM）

设计部门主要使用的零部件表，是包含生产制造所必需的产品全部信息的零部件表。

在设计零部件表中，将根据计划图及装配图、零部件图设计出来的全部配件信息都作为品目主数据登记录入系统，构成了零部件表。

在各个品目主数据中，作为与该品目相关的设计图，CAD 数据及技术说明书[①]、分析结果等的设计成果物是相互关联在一起进行管理的。

2. 生产零部件表（MBOM：Manufacturing BOM）

生产管理部门主要使用的零部件表，是在用MRP（物料需求计划）等建立生产所需数量的供应计划时使用的。

在生产零部件表中，除了含有作为设计零部件表被建立的构成信息之外，还要赋予生产制造的工序信息（路径），计算"在哪个工序中、在什么时间、需要几个零部件"。

以设计零部件表中的构成为基础，消除外部供应的零部件构成，或根据产品的装配顺序重新改编。而且，将设计零部件表中没有记载的、生产制造工序中临时产生的品目（幽灵零部件）等作为信息收录在生产零部件表中，构建生产零部件表。

---

①注：记述设计图中无法记录的生产步骤及材料特性等的设计文件。

3. 销售零部件表（SBOM：Sales BOM）

主要是销售部门使用的零部件表。销售产品时，为了满足各种各样的顾客需求，从数量众多的选项组合中提出最佳产品构成方案，需要使用"配置管理功能"，导出能够组合的产品构成及选项组合。

通常在检索零部件表时，是以产品编号及产品名称进行检索，找出目标零部件表的。但是，在使用配置管理功能时，则需要输入除产品编号及产品名称以外的其他功能及做法信息，检索符合条件的构成，并列出清单。

由于顺应顾客需求，不仅是主打产品，基于需求的选项产品组合也能够同时从零部件表信息中提取出来，因此，能够全方位按照顾客的需求，毫无遗漏、准确完整地提供信息。

另外，进行售后服务时，会遗留"向什么顾客、以什么选项搭配进行供货"等问题，因此可以按不同顾客管理产品构成。

4. 补给零部件表（SPBOM：Service Parts BOM）

主要在保养及服务部门，进行产品的售后服务时使用。

补给零部件并不是一直都有需求的，因此，必须像量产产品一样进行管理。另外，交货方法及包装方法有时也会有所不同，因此，必须要与量产产品的零部件表区分开来进行管理。

即使量产的产品本身停止生产，也必须持续不断地提供补给零部件，因此，与量产时使用的生产零部件表不同，有的企业会对补给零部件表进行管理。

通过数据共享实现合作和知识管理

3-1 阶段3：使用工作流实现数据共享

◆用工作流功能实现设计信息的快速流通

将设计信息给若干人员传阅，共享信息，接受对讨论中的设计方案的评论，这是防止设计返工的有效方法。以此为目的的有效功能叫作"工作流（Work flow）"。

工作流在以电子传输方式向特定人员发送必要条件的同时，会将文书作为文件添加发送。而另一方面，传阅这一行为虽与邮件一样，但工作流还能面向数人，以既定的顺序，实现按序传阅信息。

此时，信息传阅给谁，谁就需要对作业委托内容附上评论，或是对阅览后的内容加以授权、驳回，通过改变作业现状来推进作业。

使用工作流能够在短时间内将信息传阅给多个人员，由此不仅能

图3-1-1 一般的设计开发工作流的流程

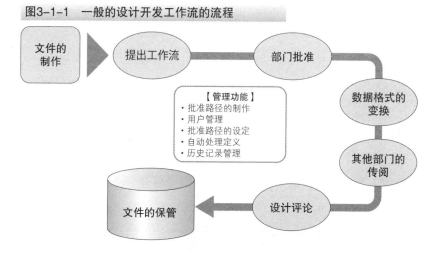

够缩短设计时长，还能够按照确定的标准顺序传阅信息，接受评论，使业务标准化得以确立和实现。

工作流由以下 3 大功能构成：

1. 工作流的定义

构成工作流的功能由两种功能构成，一个是工作流中定义批准授权及项目执行等的处理的"节点"这一功能，另一个是定义工作流流程的"链接"这一功能。

链接以定义节点处理流程的顺序为目的，以节点与节点相连接的形式使用。

以下各种情况的处理被各个节点所定义，构成了工作流。

●对工作流的投入

在将想要传阅的主数据投入到工作流中时，要检查该主数据是否得到了工作流的批准授权。

比如：可以检查确认现状及主数据种类等，对其进行驾驭和控制，使得无法向设计图批准授权的工作流中投入品目及零部件表的主数据，或是使得作业中的主数据发生错误，无法由工作流进行传阅。

另外，通过限定可以向工作流进行传阅的人员，实现对业务流程的统一管理。

●负责人的分配

在各个节点中，定义了主数据传阅时，能够对主数据进行参看的人员。另外，还定义了授权及驳回的行为等必须由接受传阅的人进行的行为。

　　　一个节点可以分配若干个用户，因此，授权、驳回等行为也可以选择"全员一致通过""过半数一致即通过""一人授权即通过"等设定。

　　　说到负责人的分配方法，不仅是向节点直接分派负责人，还能够根据被工作流传阅的主数据所具备的属性内容，重新效法被定义的规则，实现传阅对象负责人的动态变化。

● **处理的登记**

　　　在节点中，还能够将在工作流中自动做出的处理进行登记。比如：当采取授权及驳回的行为发生时，主数据中的现状属性就能够自动地变为"授权"或"驳回"，与特定节点传阅的主数据相关联的文件格式也能够转换为图像查看格式。

● **路径的制作**

　　　由于节点是分别独立存在的，因此，要用链接功能将节点连接起来，建立一个统一的业务流。

　　　授权（批准）时的路径和驳回（拒绝）时的路径要分别进行定义，构建业务流。

2. 工作流的传阅

　　以工作流进行传阅的主数据会在设定好的接收者的收件箱中进行传阅。接收者要对传阅的主数据及附加的文件内容进行讨论，留下评论，最后作出授权、驳回的行为，完成处理。

　　为保证主数据及文件内容在传阅的过程中不被改变和破坏，要进行限制，使其他人员检索时仅具有"只读"的权限。

　　再者，为保证发到收件箱进行传阅的主数据在接收者不在或没有采取任何行动时，不会使传阅过程停滞，还可以进行特别设定，即超过规定期限就会自动传阅或转送给替代人员。

另外，为了让接收者及时知晓传阅内容已经传到了自己这里，还有用邮件发送工作流的来信通知，以及在平时使用的邮件软件中建立工作流专用的收件箱等功能。

3. 工作流的管理

工作流的管理功能有：将传阅的工作流主数据进行中途保存或再次展开，另外还有中断或终止的功能。

一旦开始使用，信息的流通就全部由工作流进行管理，因此，工作流如果停滞，业务就会停止。为了避免这种情况的发生，工作流的管理者会利用管理者权限省略授权（批准）路径，直接进行传阅、退回等操作，时刻监控工作流的运作，防止其发生停滞。比如可以进行如下设定：在负责人保留传阅内容超过某一特定期限或因休假等原因长时间没有转出传阅内容时，传阅内容会转送到代理人员处。

而且，将"传阅历史记录（audit）"作为运行记录留存下来的功能也很重要。之所以这么说，是因为留存"在何时，由谁，采取了何种行为"的传阅历史记录的功能，从业务统管的视角来看也能成为非常有效的信息。

◆以共享 CAD 数据为目的的数据转换结构

由于三维 CAD 数据将设计信息立体地表现了出来，因此无论谁都能看懂零部件的形状及内容。因此，作为设计信息的传递媒介，只要三维 CAD 在各个部门被广泛使用，作业效率就能够得到提升。而且，不仅是公司内部，如果在公司外部的合作公司及海外工厂等也能够直接使用设计部门制作的 CAD 数据，那就是最理想的结果了。

如果公司内部的电脑能够全部导入同种 CAD 产品，那么全体人员就都能够查看制作出来的 CAD 数据内容了。

但是，不能简单地将 CAD 在全公司内部展开。不能在全公司范围内导入 CAD 的理由之一就是 CAD 软件价格较高。由于 CAD 价格高昂，与办公软件不同，不能够以较少的投资金额实现全公司范围的导入，因此仅限需要频繁使用的人员安装使用。

第二个理由就是：没有能在所有设计业务中通用的 CAD。由于 CAD 的种类不同，因而有各自擅长的领域和不擅长的领域，企业一般都会根据业务特性分别导入并使用不同种类的 CAD。

以 PC 制作为例进行说明，PC 的主要功能是运作软件的电子回路。另外，为了安全、正确地利用 PC 的电子回路，电子回路被设置在叫作"机箱"的箱子中。

此时设计者就需要进行设计回路的"电子设计"和设计机箱的"机械设计"两种不同的设计作业。

图3-1-2　三维数据制作的模型的不同

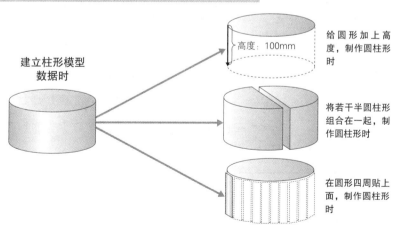

- 在使用三维CAD制作模型的设计中，即使最终形状相同，CAD数据也可能是由各种不同的步骤建立制作出来的。
- 这种顺序的不同正是使CAD数据的变换精度变得困难的原因之一。

对于设计者进行的这两种设计作业，使用的 CAD 软件所要求具备的功能就有所不同。

由于擅长机械设计的 CAD 和擅长电子设计的 CAD 必备的功能不同，因此必须选择符合各自作业性质的 CAD 软件。

另外还有一个难题，用相同的 CAD 软件制作出的 CAD 数据，如果以建模顺序有误的步骤进行变更的话，数据就会被破坏，或是由于 CAD 版本不同而失去兼容性。这些原因阻碍了 CAD 数据的流通。

在思考 PLM 所管理的 CAD 数据共享使用时，最重要的一点就是要理解 CAD 数据的转换方式，思考应以什么格式让 CAD 数据进行流通。数据转换方法有以下两种：

1. 使用中间文件的方法

转换 CAD 数据的功能叫作"转换器"。使用转换器能够将固有的 CAD 数据转换成任意 CAD 软件都能读取的形式。

要想转换成任意 CAD 软件都能够读取的中间文件的格式，数据格式原则上是以文本形式保存的。具有代表性的中间文件有以下几种：

> ● IGES[①]：Initial Graphics Exchange Specification
> 　　美国国家标准学会[②]（ANSI）制定的文件形式。由 CAD 数据的图形要素、图形要素之间的关系、图形要素的坐标手构成的数据格式。

[①] 译者注：初始化图形交换规范。是被定义基于CAD&CAM系统（电脑辅助设计&电脑辅助制造系统）不同电脑系统之间的通用ANSI信息交换标准。

[②] 译者注：American National Standard Institute。

　　日本汽车工业协会 ① （JAMA）使用的是 JAMA-IS 这一 IGES 的子格式，多数汽车厂商也都采用了这一标准。

● STEP ② ：Standard for the Exchange of Product Model Data

　　国际标准化机构（ISO）作为 CAD 数据标准制定的规格化文件形式。这一标准规定的是 CAD 数据的信息表现和信息交换相关的规格，是为实现贯穿产品整个生命周期的信息的共享和交换而制定的格式。因此，它不仅是 CAD 数据，还是零部件表的构成管理及应用管理等的数据交换标准规格。

　　在 STEP 中，以 AP（Application Protocol）的形式，对不同产业及领域区分采取了不同规格标准，有全部产业的共通规格（AP203、AP208）及适合金属模型、NC ③ （数控）等特定业务的规格（AP207、AP223、AP224），以及适合汽车等特定行业种类的规格（AP214）等。

● DXF：Drawing Exchange Format

　　指 Autodesk 公司的 CAD 产品——AutoCAD 数据格式，管理二维及三维的矢量数据的格式。

---

　　① 译者注：日本汽车工业协会(简称："JAMA")创建于1967年，由其前身日本汽车工业协会与日本小型汽车工业协会合并而成，会员包括在日本国内生产乘用车、货车、客车、摩托车等机动车辆的14家生产企业。2002年5月，合并了汽车工业振兴会和汽车产业经营者联盟，2010年4月由社团法人变为一般社团法人，并发展至今。

　　② 译者注：产品模型数据交换标准。

　　③ 注：Numerical Control（数字控制）的简称，指能够控制数值的工作机械，用数字化信息对机械加工进行控制的装置。

原本是为了 AutoCAD 不同版本间的数据交换而开发出来的格式，但随着 AutoCAD 被多家企业导入和安装，逐渐成为了事实标准（业界标准），采用该格式的企业也很多。

● STL：Standard Triangulation Language

由 3D Systems 公司开发的格式，以光造型术，也叫作 Stereo Lithography（光固化立体造型术）向快速成型技术（Rapid Prototyping；RP）的光造型装置输入的格式。

在表现表面模型（surface）及实体模型（solid）时，由叫作三角补丁的小三角形面片构成，可以应用于多种 CAD 及 CAM[①]软件。

● VRML[②]：Virtual Reality Modeling Language

索尼和 SGI（Silicon Graphics International Corp.）公司共同开发的语言，是一种可以通过网络浏览器看到三维形状的文件格式。

考虑到网络上的数据流通，数据容量设置得较小，且免费提供查看 VRML 的 Viewer（浏览器），所以构建了一个谁都能轻松查看三维数据的环境。

而且，将 VRML 的数据进一步轻量化的 XVL 这一格式也应运而生。

---

① 注：Computer Aided Manufacturing的简称，用于工厂及生产线的管控的软件或系统。

② 译者注：虚拟现实建模语言。是一种用于建立真实世界的场景模型或人们虚构的三维世界的场景建模语言，也具有平台无关性。是目前Internet上基于WWW的三维互动网站制作的主流语言。VRML是虚拟现实造型语言（Virtual Reality Modeling Language）的简称，本质上是一种面向web，面向对象的三维造型语言，而且它是一种解释性语言。VRML的对象称为结点，子结点的集合可以构成复杂的景物。结点可以通过实例得到复用，对它们赋以名字，进行定义后，即可建立动态的VR（虚拟世界）。

2. 直接转换的方法

与将数据转换成任意 CAD 均可读、使用中间文件的方式相反，利用直接转换数据的方式，可以将数据直接转换成特定 CAD 固有格式。

这种直接转换成特定 CAD 数据格式的转换器叫作"直接转换器"。

转换成对象 CAD 固有格式，能提高数据的兼容性，但必须要给每个 CAD 都开发直接转换器。更有甚者，即使是相同生产商提供的 CAD 也会有版本的不同，所以有时也无法保持数据的兼容性，因此使用范围有限。

◆ 了解 CAD 数据的转换步骤

我们已经说明了 CAD 数据转换的必要性，接下来就对 CAD 数据的转换步骤加以说明。

三维的 CAD 数据有四个种类的数据转换要素，即"几何数据""拓扑数据""属性数据""建模步骤"。

① 几何数据

由点、线、面构成的几何数据的线和面有"参数曲线"和"解析曲线"两种类型。

参数曲线由线弯折时的点（控制点）相连，点与点之间由用固定公式构成的线描绘出来。若干个点相连的连续曲线称为样条曲线 [1]。另外，参数曲线是由一个参数表现出来的曲线，而由两个参

――――――――――

① 译者注：样条曲线(Spline Curves)，是指给定一组控制点而得到一条曲线，曲线的大致形状由这些点予以控制，一般可分为插值样条和逼近样条两种，插值样条通常用于数字化绘图或动画的设计，逼近样条一般用来构造物体的表面。

数表现出的平面叫作参数曲面。

※ 代表性的参数曲线

● Ferguson/Coons 曲线

● Catmull–Rom 样条曲线

● 贝塞尔曲线（Bézier curve）

● B 样条曲线

● NURBS 曲线

与此相对，解析曲线将由点和半径描绘的半圆圆周及圆用曲线或面表现出来，是一种用能以数学公式表现直线、圆弧、抛物线等的曲线或曲面来表现线和面的方法。

在解析曲线（面）中，通过 CAD 的核心表现方式，即使是表现同一个球体，也是由不同的步骤表现出来的。

在这种情况下，有两种方法："由两个半圆组合在一起，表现出一个球"的方法和"把核心和球在一个面上表现出来"的方法，这种表现方法思维的不同会影响到数据转换时的精确度。

②拓扑数据

在将点、线、面相连结合在一起的三维物体表现方法中，"面和面"及"线和面"相连接的邻接信息叫作"拓扑数据"。

比如：足球是将五边形和六边形的皮革粘在一起组成的球体，这种情况下，五边形和六边形的皮革是"FACE"，皮革之间的缝合线是"EDGE"，缝合线汇聚的点是"VERTEX"，而组成的球体是"SHELL"这一形状数据。

图3-1-3　三维CAD中使用的图形要素

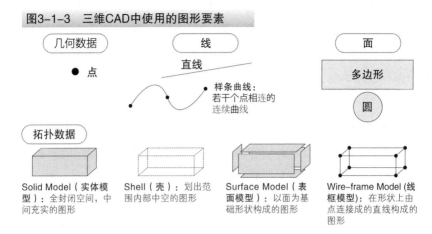

③属性数据

产品的零部件形状是用 CAD 描绘成立体的三维模型，再保存为 CAD 数据。CAD 数据描绘出的三维模型零部件的详细信息则作为与形状不同的属性信息被管理着。

属性记录了"产品编号"及"产品名称"，还记录了"材质""重量"及"加工方法""物理特性"等生产制造所需的必要属性。

由于 CAD 管理的属性不尽相同，因此属性数据的转换方式也必须逐一分别应对。

④建模步骤

即便三维 CAD 的形状最终相同，这些相同的形状也可能是通过不同的步骤建成的。

比如：要想做出一个在长方体的正中挖出圆柱形的孔洞后所形成的形状，有以下三种方法：

---

1. 描绘出长方体，在长方体的面上定义出一个圆柱形，去掉圆柱部分，空出孔洞的方法。

2.描绘出长方体，在长方体的面上画一个圆，以将圆向下挖的形式空出孔洞的方法。

3.长方体的侧面挖出两个相同的半圆柱形的凹面，最后将两个半圆柱形连接在一起组合成圆柱形的孔洞的方法。

在三维 CAD 中，有一种叫作"future"的"把孔和圆角的形状通过鼠标操作直接修改"的方法，还有一种"在命令栏（Commandbase）里直接输入数值改变形状"的方法。

另外，在转化 CAD 数据时，future 制作的命令（Command）种类及作为变数的参数一定要保证顺序无误。

3-2 阶段4：可用性的提升和设计质量管理的实现

◆统一设计和生产据点的协作功能

要想在保证性能、成本、质量的同时制造出最好的产品，不能仅靠设计部门对产品进行讨论研究。必须要吸取生产技术部门及工厂车间、采购部门、质量部门等各种部门的需求，并反映在设计和制造方法上。

为此，必须要定期集合生产制造相关的各种部门人员，设立一个关于设计制造方法的评论场所。但是，现如今，为了销售的机动性及生产制造成本的削减，生产据点分散在国内外各地，要想将相关者聚到一起召开会议并不是那么容易实现的。

于是，为满足以下需求，在 PLM 系统中配备了设计信息的"协作功能"。

---

①国内外众多设计和生产据点分散，因此，希望能使各生产据点高效地讨论设计内容，减少会议及出差的时间。

②为了快速生产，开展销售活动，希望能将国内设计的产品设计信息及早地移交到海外部门。

③设计评论的程序虽然已经实施标准化作业，但希望远在外地的据点及公司外部合作公司，也能够建立有效的评论程序。

图3-2-1 设计协作的架构

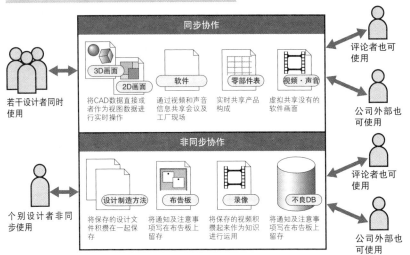

PLM系统具备不论设计开发相关的各种信息同步还是非同步，都能让物理上距离较远地点的设计者共享信息的功能。

而且，协作功能可以大致区分为为以下3种功能：

1.图像化·协作

在共享设计信息对象之中，除了用文档文件及表格计算单等制作的设计制造说明书之外，还有用CAD制作的二维、三维设计图数据。

尤其要注意的是，用CAD制作的数据与其他的CAD无法兼容，因此要想查看CAD数据，必须导入与制作数据的CAD相同的CAD版本。但是，CAD软件价格高昂，因此无法在全公司范围内导入。

于是，为了能查看CAD数据，软件公司开发了"Viewer"这款软件。仅保留用CAD制作的三维模型数据的形状，进行转换，就能够用Viewer查看相同形状的CAD数据了。这些内容在3-1中也已经作过说明。

文件转换成视图用的格式后，只保留了形状。由于不含有用CAD进行设计时使用的复杂数学公式及数据，因此CAD数据容量变小，信息共享变得更加容易了。

用 Viewer 显示的三维模型不仅能够进行移动、放大、缩小，还可旋转，从各个角度进行查看，而且还能够切割出想要查看的断面。

另外，还出现了一种能将零部件构成也一并转换成视图格式，像 CAD 模型一样，可对零部件进行拆分、组合等确认形状的 Viewer。

使用了图像化·协作的功能，较远据点的人员也能够对最新设计信息进行讨论，因此能够及早将后续工序的注意事项在设计说明书上反映出来，并能够防止设计返工的发生。

2. 团队·协作

即便设计评论的程序已经确立，但如果据点距离太远，召集会议仍然是比较困难的。在这种据点距离较远的情况下，要说有什么能从后续工序的各种视角出发，听取各方意见的手段，那就是 PLM 所具有的团队·协作功能最能发挥作用了。

团队·协作功能可以在网络上设置一个虚拟的会议现场，不论处于什么地理位置及时间都能够召开会议。只要在团队·协作的会议现场登记录入想要评价、讨论的设计成果物，参加会议的人员就能够轻松进行查看。

另外，在展示中操作的状态能够实时被参加会议的人员看到。因此，可以在 Viewer 中将产品及零部件进行 360 度旋转，或是一边展开零部件的构成一边进行说明。

会议现场不仅有声音，还能像电视会议一样一边看着对方的脸一边进行说明，能够营造出宛如在同一个地点召开会议般的氛围。

3. 课题·协作

通过图像化·协作功能及团队·协作功能，共享评论时获得的意见及课题等，在了解产品的设计意图方面能够起到非常大的作用。

而且，PLM 也配备了以保留这种设计知识技能为目的的功能。

比如：可以将会议中的评论不仅通过声音进行流通，还使用告示板功能将意见以文件形式留存下来，或者可以将评论留存在用 Viewer 及文档制作软件显示的设计信息中。

将评论内容及课题在团队·协作会议室里作为成果物留存下来，这样无论是谁都能够把留存的事项作为会议上讨论的内容及课题进行确认。

另外，还可以使用工作流的功能，将课题作为任务进行传阅、取得授权（批准），更高效地解决课题。

◆通过 Portal 功能提高可用性

为了做出更好的产品设计，设计师必须要有一个能从各种繁杂的信息源中轻松提取出必要信息的环境。

能成为这种信息源的系统，通常是由各种业务以专业特殊化的形式构建出来的，因此数据没有经过统一，处于一种零散纷乱的系统状态。

虽说系统的信息经过了数字化，但各个系统均需要分别登录，而且记住各系统的操作步骤对于设计者来说也是一个很大的负担。

于是，具备"Portal 功能"的 PLM 应运而生，Portal 是一种能够让设计者轻松进入各种系统的界面。

Portal 功能不依存于存储数据的系统。只要记住 Portal 功能的操作，就能轻松进入各个系统，并提取出必要的信息。

另外，被进入的系统也不会有较大的修改，这样就能促进各个部门对相同信息的灵活运用。而且，大多数情况下，这种 Portal 功能都能在 Web 系统 [①] 中得以实现。

以系统的视角来看，Portal 功能有以下 3 个优点：

1. 操作性、使用性的提高

● 操作性的提高

使用 Portal 功能能够提高 PLM 的操作性，能够在统一基本的操作性能的同时，结合操作画面使用适合使用者业务的模板，提供操作性能优越的内容。

另外，还可以根据使用者的喜好变换通常使用的画面配置，对显示 / 非显示内容进行私人定制，因此，使用者可以根据自身情况对信息进行取舍和选择。

● 使用性的提高

Portal 功能可以根据角色（权限）对不同使用者可使用的应用进行限制。对具有"角色"这一特定系统使用权限的团队，只需要对用户进行登录、删除，就能够对各个用户的系统登录权限进行管控。

另外，在 Portal 应用中，还可以把叫作"Single Sign-On（单点登录）"的各个系统的登录 ID 用 Portal 功能进行记忆。

通过 Single Sign-On，使用者不必再记忆烦琐复杂的各个系统登录 ID，而只需要在 Portal Site（门户网站）登录一次，就能够轻松使用联合在一起的各个系统了。

以往的 Web 系统无法简单编辑在 PLM 中常用的树型形式的零部件表，使用起来很不方便。

---

① 注：在服务器上建立的应用程序中，客户方面能够通过Web浏览器使用各种应用程序的系统体系结构。

然而近来，通过使用 Ajax[①] 等技术，Web 浏览器显示的内容也能够轻松实现通过按键完成拖动和放置等操作了。

2. 统一性、扩张性的实现

Portal 功能本身通常不具有任何内容。但是，在大部分 Portal 功能中，都具有业界标准的界面功能，因此，可以与各种现有的系统进行联合协作。

联合协作的系统也不仅限于设计部门系统，还可以与生产管理系统及销售管理系统等各种部门的系统联合协作，加以运用。

另外，不仅是这个运用于各个部门的系统，数据仓库[②] 及工作流等路径也可以通过 Portal 加以利用，这样就能够根据不同使用者把符合个人需求的信息进行加工，并提供给使用者。

与 Portal 功能协同合作的系统不仅有客户服务器型[③] 系统及 Web 系统，还能和本地计算机（host）联合协作。

图3-2-2　汇总若干应用的Portal技术

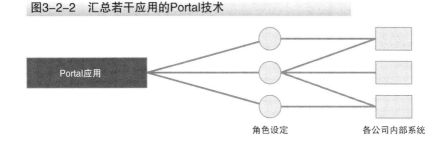

角色设定　　　　各公司内部系统

---

①注：使用JavaScript的HTTP协议，不重装Web网页，而以服务器和XML形式交换数据的安装方式。

②注：选取外部数据，通过再构成来进行信息分析的数据库。

③注：客户终端导入专用软件，使客户能够利用服务程序的系统结构。

最近的 Web 浏览器能记忆用户 ID，因此即使不导入单独的 Portal 功能，也能够通过超级链接轻松使用不同应用。另外，系统间的联合协作也不再使用独立的中间件[①]（Middleware），而是使用一种叫作"Mashup（糅合）"的技术，用各系统中公开的 API 轻松简便地将个别系统统一化。

用 Mashup（糅合）技术，不仅是公司自身的系统，就连公司外部的系统也能像公司内部系统一样使用。

但是，设计开发时需要使用的应用大多还是客户服务器型应用以及公司内部自主开发的系统，由于这些不全是 Web 应用，所以 Portal 功能还是非常有必要的。

3. 知识管理和协作

通过 Portal 功能可以进入各种系统，因此以往只能从特定部门内部登录使用的应用信息实现了共享。

如此一来，生产现场人员就能够便捷地使用由设计部门 PLM 系统管理的设计图等文件，设计部门也能够便捷地使用销售及工厂管理的产品不良信息等，由此，各部门的知识实现了全公司共享，得到了有效利用。

另外，PLM 管理的三维 CAD 设计图等可以用 Viewer 查看内容，所以能够向不具备设计知识的人员轻松传递设计内容。

在 Portal 功能中，共享了联合协作的各个应用的内容，实现了知识管理。而且，Portal 应用通过对各个系统的内容进行分类和检索，

---

　　① 译者注：中间件是一种独立的系统软件或服务程序，分布式应用软件借助这种软件在不同的技术之间共享资源。中间件位于客户机/服务器的操作系统之上，管理计算机资源和网络通讯。是连接两个独立应用程序或独立系统的软件。相连接的系统，即使它们具有不同的接口，但通过中间件相互之间仍能交换信息。执行中间件的一个关键途径是信息传递。通过中间件，应用程序可以工作于多平台或OS环境。

得以单独只提取所需的信息。

PLM 的检索功能由于在数据库中使用了 RDBMS，所以只能检索登记录入为属性的关键词。但是，在 Portal 应用中，不仅能检索由 PLM 管理的属性数据，还具备全文检索功能，能够以联合协作的文档文件等批量数据的内容本身为检索对象。因此，就连 PLM 管理的文档文件内容也可以进行检索。

还有一种 Portal 功能，这种功能可以将检索结果根据使用者的需求，按特定条件进行分类显示。

另外，在 Portal 功能中，还配备了显示邮件及工作流、通知等的告示板功能，因此，能够构建出协调用户之间协同作业的架构，如日程调整及简单的联络事项等。

在 PLM 系统中加入这种 Portal 功能，能够对部门及员工的知识技能进行检索、共享，实现业务效率的提高及快速的决策。

下面，就对 PLM 中使用的代表性 Portal 功能中的内容模板加以介绍。

---

①**产品信息管理 Portal**

把开发中的产品信息与生产、销售等部门共享，实现并行工程的内容模板。其配备的内容是以显示、编辑以下文件为目的的各种检索、分类功能：

● 品种及零部件表信息

● CAD 设计图、制作说明书等文档文件、表格计算单、PDF 等电子文件的管理

● 设计变更信息

---

②设备管理 Portal

在整个产品生命周期，共享器械及设备等的管理、保养所必需的信息的内容模板。作业完成报告及保养零部件的供应等由Portal实施，具体内容如下：

- 器械和设备的设置地点及构成信息、设置情况、相关文件类的显示、编辑功能
- 将保养、服务的作业管理和检查等的必要性向作业者进行通知的功能
- 作业必需的手册及文件类的显示等功能

③项目管理 Portal

共享产品开发项目中产品管理相关的各种信息的内容模板。其具备的内容能够实现以下功能：

- 管理任务、日程进展情况及负责人的分配等的项目管理功能
- 登记录入、灵活使用各个任务的成果物及各个任务应参照的文件类信息的功能
- 分析、显示项目收支的功能
- 通过 Portal 的协作功能，与公司外部及远隔万里的相关人员共享项目现状的功能

④协同合作

使产品开发必需的文件类信息不仅能在公司内部实现共享，还能与公司外部的合作企业等共享的内容模板。其内容能够实现以下功能：

- 根据不同权限对设计文件类信息分开进行管理，管控可查看文件的用户的功能

- 即使合作方没有相关应用，也能提供对方实现文件共享的 Viewer 的功能
- 管理设计进展，及时且准确地共享最新设计信息的功能

⑤质量管理 Portal

在把握产品质量的计划阶段和实际测量值之间偏差的同时，对质量相关的不良信息进行一元化管理，对产品质量信息善尽其用的内容模板，具体功能如下：

- 共享计划阶段的目标质量信息及实际测量值的功能
- 对不良问题的发生进行通知，总结不良问题的应对报告并进行管理，通过以上措施共享不良问题的原因及对策知识的功能

◆利用工序设计辅助功能改善工序

支持生产制造的系统——PLM 中不仅有管理"制造什么"等"制造产品自身"信息的工具，还有对设计出的产品"如何制造"等生产技术进行支持和辅助的工具。

这些工具以 CAPE（Computer-Aided Production Engineering）及 PPR（Product, Process, Resource）的概念为基础，在生产技术设计中对"使用何种设备制造什么产品，以及如何制造"进行支持、辅助。

设计工序的时候，该功能能够提取产品设计中制作的 CAD 数据对装配顺序进行讨论，并探讨生产顺序。

将工序设计的数据数字化并进行一元化管理，这样就能够基于以往的经验对照失败案例，在考虑到限制条件的基础上设计出最佳工

图3-2-3　适用于设计工序的工具

在实际组装前，运用数字化技术提高设计图的完整度，顺利实现量产的启动。

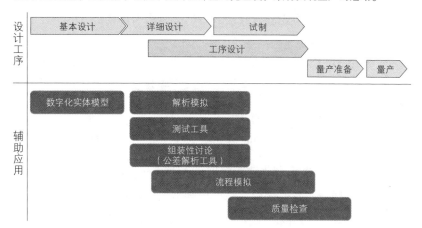

序流程。

　　另外，通过将作业顺序的定义及设备、夹具及作业者等资源分配到各个工序中，能够在实际生产制造之前，模拟出工序的生产能力（生产量）及生产成本。

　　用 PLM 对工序设计进行的支持和辅助主要具备以下功能：

1. 数字化实体模型（Digital Mock-Up）

　　通过在电脑上进行虚拟组装模拟（数字化实体模型），确定组装顺序。在数字化实体模型中讨论组装性及组装顺序。

　　在组装性的探讨中，可以在电脑上对用 CAD 制作的三维产品数据进行自由的拆分、组合。

　　在讨论去除或添加零部件的顺序的"组装性讨论"中，讨论零部件的去除及去除时是否有障碍，最终零部件能否妥善收纳的同时，一并讨论步骤和作业周期，这样就能模拟出最佳组装时间及生产制造成本。探讨最有效的零部件及零部件组装顺序，确定单位组装的最佳生产方法。

数字化实体模型中，能够像CT扫描一样对组装断面进行自由的切割、确认，能够事先确认好组装后内部是否有障碍。

2.公差解析

在制造设计部门设计出的产品时，要控制生产制造时的偏差，确定好使质量和成本最优化的"公差"。

没有丝毫误差、完全按照设计的尺寸生产产品，这要求非常精密细致的作业，因此需要花费大量时间和成本。但是，如果允许存在一定程度的误差，就能够极大程度地降低生产制造的难度。

比如：用剪刀剪裁纸上用线描绘的图形时，丝毫不差地沿着线剪是一项非常困难的作业。

但是，在图形周围稍稍留白，即使剪切边缘不齐整，也不会剪到图形本身，所以没关系。在不影响产品质量的范围内，确定出这个留白部分的范围就叫作"公差"。

在讨论生产技术时，对于用CAD制作的三维数据，将组装时尺寸偏差的最大值和最小值定义为公差，找到成本和质量的平衡，做出令生产制造更简便容易的设计。

但是这样一来，各个零部件就都有了公差，因此最终组装产品时，所有公差都累积在一起，就有可能导致产品无法组装。

为了避免在实际开始生产制造后出现这样的问题，要在公差解析功能中，对组装时的累积公差进行解析，探讨对产品精确度的影响。

而根据导出的公差，对与实际生产量相当的次数累计的偏差进行模拟计算，求导出计划工序生产能力。

像这样，在实际生产制造之前讨论产品的偏差，就能够使严格的质量标准变得开放和宽松，得以谋求成本的降低。

3. 流程模拟

在工厂讨论最佳工序组合的同时，会将导入的机器人及人员的活动在服务器上进行模拟，这样来验证使生产线的劳动效率获得提高的最佳活动，或是让机器人进行学习[①]。

工序设计将以下步骤进行三维模拟，讨论最佳节拍时间[②] 和工序能力。

> ① 从数据库中提取出标准化流程，配置工序。
> ② 登记录入各工序中的产品信息及资源信息，定义工序能力。
> ③ 登记录入各工序的限制条件，模拟出实际现场情况。
> ④ 在定义的工序中模拟实际的产品流通，探讨效率性。
> ⑤ 不断改变变量，反复模拟，直到找到最佳设定值。

按照这一步骤，不仅能设计工序流程，还能对各工序中进行作业的人员及机器人的行动进行探讨。

既能提前讨论导入到各个工序的焊接及涂装机器人的行动路径、作业顺序，与此同时，还能将讨论结果作为机器人的程序表输出出来，让机器人进行学习，因此，能够快速讨论工序的增设及变更。

另外，不仅能模拟机器人的行动，还能基于人体工学模拟人的动作，所以，轻松建立工序及易于保养的设计、安全工序设计都能得以实现。

---

① 注：对机器人等装置教授动作的作业。

② 译者注：节拍时间即Takt Time，反映了生产线或生产设备相应客户需求生产所耗费的时间。

4.质量检查工具

有时，会对质检工序的机器进行教授并讨论最佳配置，或在量产时提取出检查机器时产生的数据，将之与用 CAD 制作的产品数据进行比较。

作为工序设计的辅助功能而被实际安装的质检功能采用的是业界标准格式——DMIS（Dimensional Measuring Interface Standard，尺寸测量接口标准）。因此，有时会直接对在检查工序中导入的检查机器进行教授学习，或是提取测量机器的测定结果，将实际制造出来的产品尺寸反映在设计图中，把握设计值与实测值之间的偏差。

另外，对测量机器及检查机器进行教学时，如果对实际使用的机器进行直接教授（在线教学），就会产生程序变更的等待时间等，无法令高额的检查机器发挥出较高的劳动效率。

但是，即使不实际使用机器，也能通过采用对实体机进行虚拟教

图3-2-4 利用工具对流程进行改善

实际组装前，运用数字化技术提高设计图的完整度，使量产启动得以顺利实现。

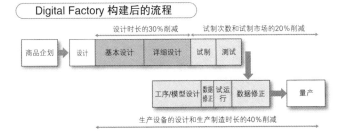

学的线下教学功能，提高检查机器的劳动效率。另外，还可事先重新对最佳检查步骤进行验证，这样就能够缩短检查时间，提高检查精确度。

◆管理化学物质数据

欧洲实行了RoHS指令 [①] 及REACH [②] 等化学物质的法律法规，将对产品中所含的化学物质的管理定为一项义务。与此同时，对产品相关的废弃物管理及危险品管理等也作为产品开发信息管理的一个组成部分，成为了一项重要课题。

由于化学物质的管理被法律规定成了一项义务，因此，不仅要能够正确、迅速地提供必要信息，为了防止不断增加的设计作业的业务效率降低，还必须要找出一个减轻设计者负担的方式方法。

于是，近来出现了一种 PLM 系统，该系统追加了能够对化学物质进行管理的功能。但是，这一化学物质管理功能的水平却良莠不齐。

因此，本书将以产品开发时必需的化学物质管理功能为着眼点，进行解说（业务知识请参照 P182 页）。

化学物质不能仅在设计部门进行管理。要想管理好化学物质，必须在"①设计阶段的管理""②供应阶段的管理""③生产阶段的管理"这三个产品生命周期的阶段收集各种各样的信息并进行管理。而且，各个阶段必须具备以下功能：

---

① 注：针对在电子、电器设备中使用的特定有害物质的含量限制，由欧洲规定的一项指令。

② 注：欧洲化学物质注册、评估、授权及限制的相关法规。

1. 在设计阶段管理化学物质的必要条件

●将品目和化学物质信息关联起来进行管理

要想将化学物质与产品信息相关联进行有效管理，必须要具备将化学物质的主数据与品目相关联，并作为化学物质的数据库进行管理的功能。

通过与品目相关联，无论哪个零部件含有何种化学物质，都能够轻松找出来。

管理化学物质主数据的化学物质数据库，通过对化学物质的属性信息、构成成分信息以及该化学物质的特性信息等一并进行管理，可以用作制作 MSDS[①] 及标准操作程序（SOP[②]）、标签及黄牌等各种报告的信息。

一个品目与若干化学物质有关，因此如果假设同种化学物质会用

图3-2-5　品目和化学物质信息相关联的类型

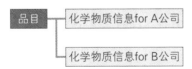

类型1：化学物质的关联

类型2：对产品编号相同但供货商不同而导致的所含物质变化进行把握

———————————

①注：将第一种指定化学物质、第二种指定化学物质以及含有这些物质的产品（指定化学物质等）转让、提供给其他商家时，生产厂家具有提供关于这些物质的性状及处理方法信息（MSDS：Material Safety Data Sheet）的义务的制度。

②注：标准操作程序，执行特定业务时使作业标准化的操作程序（SOP：Standard Operating Procedures）。

于多个品目中，那么品目主数据和化学物质主数据的比例关系就变成了 n:n。

另外，即使是同种品目，如果供货商不同则含有的化学物质也不尽相同，因此必须要建立能够按照不同供货商进行管理的体系。

●与外部系统之间的化学物质信息合作

化学物质信息不仅要能在 PLM 内部进行管理，还要能与工厂系统及质量管理等其他部门系统进行合作。

另外，有时还会与海外工厂合作，或是客户方等作为进货条件要求使用独特的化学物质数据库，因此，为了满足与各种系统的合作，必须要具备能轻松构建外部系统界面的功能。

图3-2-6　与外部系统之间进行化学物质信息合作的体系构造

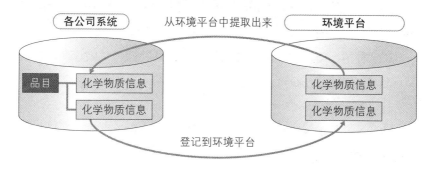

●化学物质含量在产品单位中的累积

化学物质含量不能仅掌握各个不同品目的含量，还必须要掌握产品单位总量中的化学物质含量。

要想累积产品单位的化学物质，必须将表示产品构成的零部件表作为基础，累积与构成零部件表的品目相关联的化学物质主数据信息，在产品单位中累积化学物质的总量。

图3-2-7 化学物质含量在产品单位中的累积情况

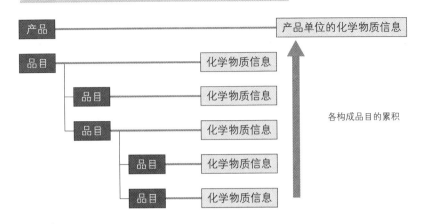

● 以外部环境为基准，轻松判断符合该尺度的累积结果

化学物质的法律法规正处于完备阶段，虽然已经采用了一个
RoHS 指令，但以欧洲的 RoHS 指令为开端，中国及韩国等各个国家
的相同指令及法律法规也正在讨论之中。

在这种情况下，要想对各种化学物质信息进行一元化管理，必须
要具备能够把握对象产品的化学物质含量可以应对哪个规定的尺度
（法律、团队、老客户）。

具备了这样的尺度就能够将对象产品积累的化学物质含有量与现
在的水平进行对比，在把握此种信息的基础上推进设计进程，使之
成为规定与成本相平衡的设计。

图3-2-8 利用外部环境基准进行判断

图3-2-9　设计变更时对变动成本的把握

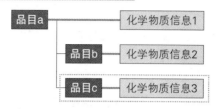

因为功能不变，因此没有设计变更，
但由于部件的供应方发生了改变，所以含有物质量也改变了。

从品目 a 可见，
产品成本发生
了数额差。

● 设计变更时，通过添加环境物质对变动成本进行把握

由于设计变更等导致零部件发生变化时，必须要具备能够把握化学物质含量的总量变化的体系结构。

基本功能与化学物质的累积功能相同，但必须要能把握产品成本的变动。如果设计变更使化学物质的总含量减少了，但却因此导致产品成本增加了的话，就毫无意义了。

为此，就需要具备即使总含量不变，也能把握改变供货方时的产品成本变动的功能。

2. 在供应阶段管理化学物质的必要条件

● 供应商变更时，对同一产品编号的品目中不同化学物质含量的管理

即使是产品的性能本身没有任何变更时，很多情况下也会从若干不同供应商处采购同一产品编号的零部件。在这种情况下，由于采

购的零部件不同，所以有可能会出现各个供应商的供货所含有的化学物质存在差异的情况。

图3-2-10 对不同供应商的同一产品编号品目的不同化学物质含量的管理

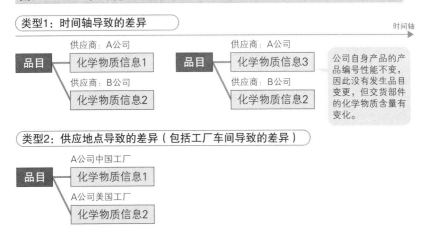

另外，由于公司内部自制的零部件及本地供应的资材关系，即使是相同产品编号的零部件，也有可能出现化学物质含量不同的情况。

●用公司内部系统对供应商交货的化学物质进行管理，减轻工作量

必须要能够用公司内部系统对交货的零部件及材料的化学物质信息进行数据化管理，并有效利用。但是，将供应的资材逐一录入公司内部化学物质数据库却是一项极为费时费力的工作。

图3-2-11 减轻将供应商交货的化学物质录入公司内部系统的工作量

获取供应商报告的化学物质信息数据，将能获取的体系结构以及适用于各种格式的界面功能编入公司内部化学物质数据库，可以极大程度地使数据库的应用更加省时省力。

●化学物质的进货基准尺度（依照收货检查后的基准）

如上所述，化学物质的法律法规基准不仅会采用国家制定的标准，有时还会采用制造产品的生产商自身设置的规定。如此，向老客户交货或从供应商处进货时，就必须要具备判断公司自主产品是否符合老客户或公司内部自主规定的基准尺度。

3. 在生产阶段管理化学物质的必要条件

●把握最终产品中的有害物质含量

产品中化学物质的含量不仅包括产品设计时设计出的零部件中化学物质的含量，还包括在制造阶段加工及作业时添加的成分的含量。

因此，在对每一项作业工序中的加工方法及作业步骤信息进行管理的同时，还要对各工序中投入的零部件以及附属材料中含有的化学物质一并进行管理，累积成品中含有的该化学物质含量，这一功能是必须具备的。

图3-2-12　最终产品中有害物质含量的把握流程

●化学物质信息在生产现场的迅速公布

在生产制造全球化的现今社会，要求企业能将国内工厂生产的产品转移到海外工厂进行生产，反之也能灵活且迅速地再次展开国内生产。

伴随着这种弹性的生产体制，运转中的工厂所管理的化学物质信息必须能够迅速公布给新的生产据点，并加以利用。

化学物质数据库需要具备的功能之一，即能够制作种类形式各异的化学物质报告，能够将数据加工并提供给移交生产的目标部门，使其系统能够轻松接收数据。

图3-2-13 设想化学物质信息一览表的总公司·工厂共享体系

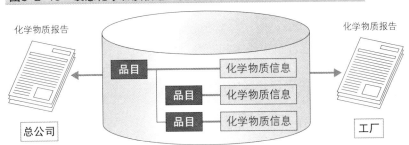

◆运用 PLM 的产品质量信息的管理

产品开发中的质量管理方法有田口法[①]及试验计划法[②]、新 QC 七大工具[③]及 FMEA（FTA）等。PLM 并没有提供这些质量工学手法，而

---

① 注：该方法名称取自始创者田口玄一的名字，是一种有效进行技术开发、产品开发的开发方法。

② 注：为得到较好结果，计划最适合的试验方法，解析实验结果，导出精确度较高的结论的一种试验方法。

③ 译者注：新 QC 七大工具（手法），品管七大手法，是由日本人总结出来的品质管理方法。日本人在提出旧七种工具推行并获得成功之后，1979 年又提出新七种工具。旧 QC 七大手法偏重于统计分析，针对问题发生后的改善；新 QC 七大手法偏重于思考分析过程，主要是强调在问题发生前进行预防。之所以称之为"七种工具"，是因为日本古代武士出阵作战时，经常携带有七种武器，七种工具就是沿用了七种武器。

是将用这些方法论进行讨论的结果作为成果物在 PLM 中进行管理。

辅助支持 QFD[①] 及 FMEA 等手法的软件种类繁多，但并不是与 PLM 紧密合作，而是将基于这些质量工学探讨和解析出的成果物在 PLM 中进行一元化管理并共享，以这种形式进行信息管理，运用到质量设计中。而且，通常都会通过对设计质量知识的共享，不再依靠感觉及经验开发产品，而是有效利用以往的技术知识来实现设计质量的提高。

而另一方面，PLM 中实际安装的质量管理功能，以 ERP 具有的质量管理功能与 PLM 生产制造信息协作的形式建立了系统。而在以 ERP 为中心的 PLM 中安装的质量管理功能具备了以下功能：

1. 按不同品目进行检查处理的管理

按不同工序对各个品目的检查作业及检查项目进行定义，规定质量检查流程，同时，登记录入各品目的质量检查实际业绩，对其中的差异进行管理。

工序的定义不仅是对产品制造时出现的次品的管理，还以采购品的收货检查等为对象，将检查时的实际成绩登记录入 PLM 系统，收集实际数值。

计划和实际成绩的差异超出正常范围、出现异常时，要通知相关人员，采取对策。在对不良问题的通知处理中，不仅要通知不良问题的现象，还要将不良问题的应对结果报告登记录入 PLM 系统，把不良问题的产生倾向及应对方法在 PLM 系统中作为技术知识进行积累。

---

① 注：QFD（Quality Function Deployment，品质机能展开），是将顾客的需求反馈到产品、服务开发阶段的手法。

2. 跟踪管理

在以 ERP 为中心的 PLM 系统中，还能通过有效利用可以与生产管理功能进行合作的特征，对产品按不同生产批次进行跟踪管理。

跟踪功能可以在受到客户方面的投诉时，查明向该客户出货的产品批次，展开零部件表查清具体产品及半成品、材料。

如果能够查明出现问题的半成品及材料，就可以用零部件表的逆展开对使用了该品种的产品进行确认，确定影响范围。

图3-2-14 产品跟踪的流程

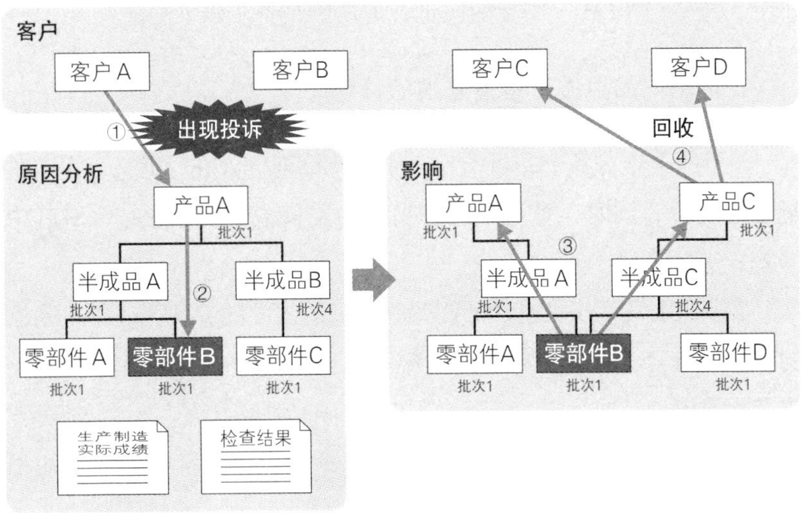

3.FMEA 的利用

FMEA[1]（Failure Mode and Effect Analysis）翻译为"故障模式影响分析"，是在进行产品设计及工序设计时，预测、识别将来有可

---

[1] 译者注：中国翻译为"潜在失效模式及后果分析"。

能发生的有关产品故障、缺陷、不良问题的原因，防患于未然的系统性手法。

PLM 的质量管理功能会按照不同品目、老客户、供应商分别设立质量检查计划，根据不同质量检查计划的对象定义检查项目和检查方法，同时，将实际检查的内容制作成报告，在 PLM 系统中作为主数据信息进行管理。

此时在报告的检查内容中，将关于故障及不良问题的事项分类为"故障模式"，在 FMEA 中进行运用。

由于登记录入为不良问题信息的质量报告与零部件表的零部件相互关联，所以能够给每个零部件表的部件（零件）建立"信赖性区块"。

按照信赖性区块的构成要素假设故障模式，计算出故障模式的潜在影响程度、发生频率、风险系数（RPN），总结成"FMEA 工作表"，并加以运用。

将登记录入在 FMEA 工作表中的故障模式与实际质量报告主数据中报告的故障模式内容加以比较，提高风险系数的精确度，能够提高 FMEA 的使用精确度。

像这样，PLM 中的质量管理功能能够管理质量工程的成果物，在系统中使用、管理生产时的质量管理流程，对庞大的质量管理资料进行一元化的管理，创造有效利用知识技能的环境。

另外，还有助于生产制造现场的质量信息改善活动，有助于 ISO 及 TS[①] 等的质量管理规范认证。

◆产品生命周期中的设备管理

要想管理贯穿整个产品生命周期的信息，战略性地把握产品的

[①] 注：Technical Specification：ISO中技术规范文件的一种。

ROI[①]，不仅是对已作为商品出货的产品，对投资到产品开发中的设备也必须要一并进行相同的管理。

企业中的产品不光有生产、销售汽车及 PC 这类产品的形式。还有的企业生产涡轮及发电机这类满足个别需求的设计货品，在交货的同时，持续对卖给客户的产品进行保养就能够产生巨大利润。另外，还有的企业将产业机器人及化学机械设备等顾客的设备作为商品进行销售。

在思考产品生命周期管理的时候，从"使用制造设备的企业"和"进行设备销售的企业"这两方面的视角出发，对设备保养进行有效管理，这对把握产品整个生命周期的 ROI 来说，是非常重要的因素。

图3-2-15　产品视角和设备视角的生命周期

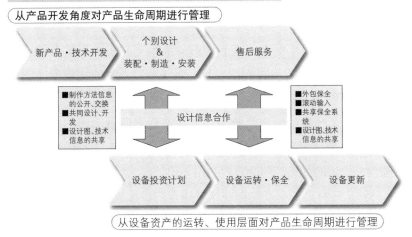

在 PLM 的功能中，具备以下几项管理设备相关信息的功能：

---

1. 设备投资管理

设备投资管理需要考虑到"设备投资议案管理""施工预算管理""修缮费用预算管理"这 3 个要素。

在设备投资议案管理中,要求必须对投资相关的"计划""评价""批准(授权)""预算""实际成绩"等各个阶段的收益性贯彻始终地进行管理。

因此,在 PLM 的设备管理功能中,必须具备一项功能,即:将设备投资的成本计划、收益计划、投资效果模拟的计划与实际成绩进行比较,以预算与实际成绩的对比及管理指标作为基准,实现对收益性的管理。

设备的投资计划通常被作为项目计划进行管理,因此,在用计划管理功能建立预算,对整体进行把握的同时,将计划中发生的施工及作业等定义为 WBS[①],与日程一并进行管理。

针对这样做出来的项目计划预算,在施工(作业)进展的同时计入实际业绩,将预定计划和实际成绩进行对比。

另外,与定义为施工(作业)进展的 WBS 进行协作,将设备作为主数据登记录入,就能够对设备信息进行关联管理。而且,能够简单明了地显示出哪个设备需要进行何种施工,毫无遗漏地对各个设备的作业进行管理。

2. 设备信息管理

为了管理设备,必须要有管理设备固有信息的主数据。

被管理的主数据种类必须包括以下几种:表示设置设备"地点"

---

① 译者注:WBS,Work Breakdown Structure,工作分解结构。WBS是项目管理重要的专业术语之一。其基本定义是以可交付成果为导向对项目要素进行的分组,它归纳和定义了项目的整个工作范围每下降一层代表对项目工作的更详细定义。

的主数据、表示设备"功能"的主数据、构成设备功能的"部分"主数据、管理各部分所使用的"零部件"信息的主数据。

使用这些主数据，能够把握不同设置地点所分别使用的零部件，因此能够轻松查明修理所必需的零部件，设立在维护保养时设备的"功能"及单位"零部件"的保全计划，留存作业实际成绩的历史记录。

另外，通过与文件管理功能的协同合作，能够管理该设备的设计图及修补时的照片等，在对信息进行一元化管理的同时，构建出一个能够毫无遗漏地向作业者提供必要信息的环境。

3. 保全管理

设备的保全管理必须要以避免发生故障及事故的"预防保全"和发生故障及事故后进行应对处理的"事后保全"这两种类型来进行管理。

预防保全也由于设备对象的不同而具有"定期保全"和"状态保全"两种类型的管理方法。

定期保全的基本架构是，一旦到了计划周期（期间）及结算点（时间及数值），系统方面就会给出进行保养的通知。

在这一通知内容中，可以将作业地点及设备信息、设备说明书及过去作业历史记录等关联起来进行查看，因此接到信息的作业者可据此来实施保养。

而另一方面，状态保全的基本架构则是，将设备与 PLM 直接联系在一起进行测量，来通知保全作业的时机。在状态保全中，一旦超过了规定的测量点，系统就会发出通知，督促作业者进行保养。

而所谓事后保全，则是在故障和事故发生之后，由作业者赶到现场进行作业。

无论哪种类型，作业者均是以作业命令的通知为契机，开始进行作业的。作业结束后，将作业完成报告录入获得作业命令通知的主数据中，登记录入作业负责人和时间、必需零部件及施工内容、成本信息，积累信息。

另外，由于设备是作为固定资产被管理的，因此要求主数据信息能与会计系统联动。

由于还必须要及时供应保养时使用的修补零部件等，因此在构建PLM 系统时还必须要考虑到与采购管理系统的联动。

以这一形式对设备进行预算和实际成绩的管理，就能够正确判断出制造设备的替换时机及已完成交货的产品的保修截止时间。

不仅是产品的销售情况，制造设备的最佳投资计划也是讨论产品生命周期战略时的重要要点之一。

阶段5：产品开发的全面管理

◆项目·程序管理

为了实现产品质量的提高和开发期的缩短，要构筑一个能够导入PLM系统，共享产品信息的基础。此时，与质量提高、时长缩短一样，要想有效管理产品开发，不光是产品相关的信息，开发相关人员和成本的管理也是非常重要的要素。

在管理每天进展，管理交货期的进展及延迟的同时，把握目前时间点所花费的成本及将来必要的投资，是产品开发管理者的重要工

图3-3-1　产品开发的项目·程序管理

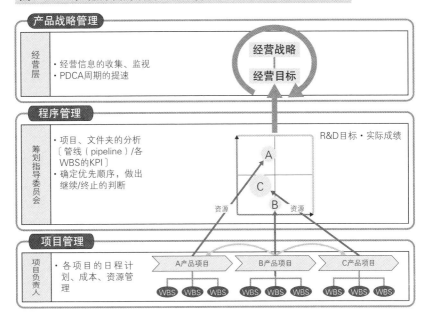

作之一。

由于产品开发会采取各种各样的项目形式，因此，由管理日程及进展的日程管理、管理项目分派人员的劳动状况和项目所投入人员的资源管理构成。

具备程序管理功能的 PLM，既能实现像这种对一般程序管理的操作，还能对个别程序纵观全局，以公司整体视角出发战略性地对资源进行有效利用。

通过对程序进行管理，来实现战略性的投资判断和日程管理。

- 实施资源战略，如：对负担较重的项目实施援助，保证在交货期内交货，或是对产品开发所必需的具备某种技能的人才集合进行合理配置。
- 认识到产品开发项目的预算和实际成绩的差异，在考虑到总投资量及市场需求有无后再进行投资判断的基础上，推进产品开发项目。

通过实现上述内容，就不是对项目实施个别管理了，而是能够对各个项目的日程及负担情况等的进展程度、费用投资、回收情况在全公司层面上进行把握。

控制产品战略的 PLM 项目与程序管理功能主要包含以下内容：

1. 预算分配计划

在对新项目建立预算计划的时候，如果能够与过去事例进行比较，就能够掌握一个大概的预算数额。

但是，各个项目都是用表格计算软件及个别的项目管理软件来管理日程及预算的，因此无法进行比较。

为了有效利用 PLM 所管理的项目实际成绩信息，必须要制定出对各项目单位预算及实际成绩、成本等进行统一评价的标准——"项目评价规则"。

根据这一规则，构建出了从 PLM 所管理的项目到课题、规模、预算、时间、资源等对相近内容进行灵活检索的架构。

不仅如此，还必须要能够建立一个架构，该架构能针对被检索的项目及新项目，加入时间及人员等各项目的固有限制条件，从各种角度进行模拟，并能够在此基础上确立新项目的框架。

通常，项目预算都要根据部门及事业部的总预算，来确定对各项目预算的分配。

这就要求 PLM 的体系不仅要能够按不同年度简明地确定部门预算范围，还要能够对从部门预算到个别研究及开发课题进行分配预算。而且，这一体系架构，还要具备能够简单地核查总预算和个别预算的合计之间是否存在差异、安装项目预算计划的功能等。

2. 项目计划

PLM 所管理的项目与表格计算及个别项目管理软件不同，能够将设计图及设计文件、零部件表等与产品开发相关的各种成果物与项目课题相关联进行管理。

因此，在计划新项目时，如果仅仅是查找出项目所必需的课题任务，制作 WBS 及作为工序表的甘特图 [①]（Gantt Chart），给各项任务课题分派人员等资源的话，还谈不上是对 PLM 项目信息进行了充

---

① 译者注：又称为横道图、条状图(Bar Chart)。以提出者亨利・L.甘特先生的名字命名。甘特图内在思想简单，即以图示的方式通过活动列表和时间刻度形象地表示出任何特定项目的活动顺序与持续时间。基本是一条线条图，横轴表示时间，纵轴表示活动（项目），线条表示在整个期间计划和实际的活动完成情况。它直观地表明任务计划在什么时候进行，及实际进展与计划要求的对比。管理者由此可便利地弄清一项任务（项目）还剩下哪些工作要做，并可评估工作进度。

分的利用。

为了推进项目活动的标准化，要在把握好 WBS 及工序表的制作、资源范围的同时，将参考文件及计划成果物等样板化，作为新项目的雏形加以运用，以此来把过去经验作为技术知识进行挪用，通过这一形式把项目信息也作为一种技能加以利用。把过去项目的成果物作为参考信息加以运用，与分别用个别系统构建项目相比，其项目管理质量能够得到极大的改善。

其好处就是，消除了任务课题的遗漏，成功抑制了由于个人原因而导致的各个项目计划的偏差。与此同时，将过去成果物及必要信息资源相关联，作为数据库加以使用，能够构建出一个可共享项目知识技能的系统。

另外，在讨论人员计划的时候，对各人员的资格及恰当的把握是使项目成功的重要要素之一，因此，将人力资源及技能信息纳入 PLM 系统进行一元化管理，就能够迅速找到最适合该项目的人才，快速构建起项目的体系和架构。

通常，能够实时把握现阶段的项目负荷，就能够再现对项目负荷平衡进行及时调整的架构。

由于资源管理信息中登记录入了不同职能的标准成本及使用设备等的成本，因此能够针对分配到的预算，对计划值与实际成绩进行比较。

另外，由于项目预算等当初建立计划时的规模范围及项目开始时的各种限制条件，很多情况下不得不对预算计划进行变更。像这种能将预算计划的变更进行历史记录管理的功能，也是项目计划功能必备的功能之一。

3. 项目执行

报告项目的进展实际成绩是一项非常重要的任务，但这一任务对设计者而言却也是一项非常麻烦且棘手的工作。

因此，对能够让分配到项目的设计者不必再为了提交项目的实际成绩报告而书写多个同样的文件，而只需要及时提交正确的实际成绩报告即可的体系架构的需求应运而生。

所以，项目管理系统的实际成绩报告的体系架构，必须要细加斟酌，想办法在与其他系统报告的考勤作业日报表同步收集项目实际成绩信息，减轻作业者负担的同时，及时收集正确的信息。

另外，不仅是人工费，还必须将项目管理系统与公司内部的采购系统进行联动，对项目相关的各种采购物品的成本进行管理。

其好处是，能够实时把握项目相关的人员和物资的成本，建立能够随时监控预算和实际成绩的体系架构。

在产品开发的项目管理中，有像量产产品这种明确区分为"设计阶段"和"量产阶段"的项目，还有像个性定制产品这种将从设计开发到向客户交货这一过程作为一个项目进行管理的项目。

在个性定制型的产品设计项目中，为了管理产品相关的资材及零部件的供应，要求具备能够将"项目管理系统"和"采购系统"进行联动，从作业工序信息中自动登记录入定制委托订单的体系架构。

通过把 PLM 项目管理系统和采购系统进行联动，能够自动对作业工序进行迅速的订货处理。另外，使用 PLM 的协作功能，可以在工序表的该项任务中，实现与购买方共享设计图及零部件表等设计信息的协作功能。与此同时，向购买方正确传达进货相关的信息，还能够提高原材料及零部件的供应质量。

4. 项目管理

设计开发的项目以设计评论及门径管理[1]的形式，设立了以根据

---

[1] 注：Stage Gate，设置在开发的各阶段评价开发内容的门径、管理开发进度的手法。

项目进展确认质量为目的的检查流程。

因此，必须要管理与产品开发相关的各部门的现状，且进行同步管理。

为此，需要一个能够从"横贯各部门以项目为单位进行管理的现状"和"按不同部门分别进行管理的现状"这两种视角出发，管理项目进展情况的体系架构。

在推进项目的过程中，一定会出现计划和实际成绩之间的差异（成本·日程）。为了能够对项目进行恰当的管理，仅仅对成本、资源、日程计划进行分别管理是不够的。

通过灵活运用对计划的进度与实际进度进行比较，并分析这些差异的"盈余量分析[①]（EVA）"的体系架构，能够提高项目作业效率、监视进展状况、进行现状分析以及及时发现、应对问题点。

5. 程序管理

PLM 是从全公司视角对产品战略进行统一管理的解决方案，因此要求具备的不仅是以产品为单位的个别项目管理，还有从整体最佳的视角出发，对若干项目进行统一、管理的程序管理功能。

程序管理功能要求具备纵观全公司运作的项目并进行管理，从以下观点分析产品开发文件夹的功能：

- 目前，公司内部在进行何种项目？
- 各项目是否在按预算推进？
- 是否存在与已通过申请的新项目投资发生重复的投资？

---

① 译者注：Earned Value Analysis，也叫作挣值分析、挣得值分析。各种形式的盈余量分析是衡量执行时最常用的方法。它把范围、成本和进度等度量标准结合在一起以帮助项目管理小组评估项目执行。

图3-3-2 总括全公司程序的程序管理

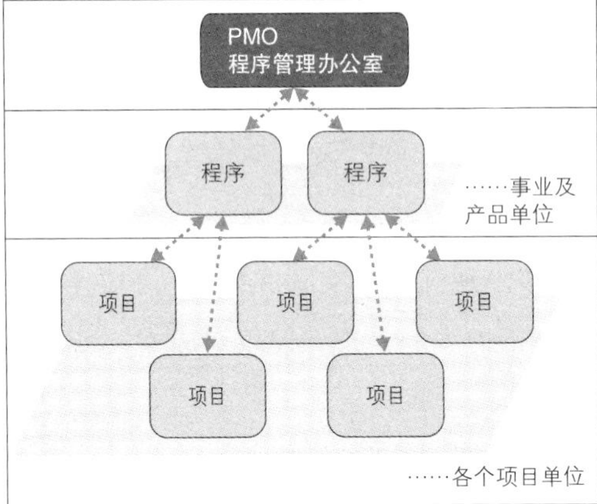

	管理方法	成本控制
PMO 程序管理办公室	文件夹&KPI	设计开发 投资管理
程序 程序 ……事业及产品单位	程序管理	
项目 项目 项目 项目 项目 ……各个项目单位	门径管理	项目管理

这些文件夹报告主要由经营管理层使用，各个程序都遵循公司的经营方针，用于实施投资判断的最佳分配。

另外，如果能够将各个项目分派的人才技能集合和劳动效率情况作为资源信息进行程序管理，项目管理经理就能够根据项目的优先程度进行最佳分配。

与此同时，项目所分配的各个设计者自身也能够寻找并申请、分配到符合自己职业目标的项目，以个人目标和管理方针同步的形式，实现项目体制的筹划和设立。

只要设计者始终保持自己表格信息的最新状态，就能够构建出可以维持、管理整个公司资源信息最新状态的环境。

3-4 阶段6：知识管理和产品生命周期信息的统一

◆以实现知识管理为目标

将设计者的知识作为显性知识（形式知[①]）进行管理，能够对设

图 3-4-1　知识管理基础理论 SECI 模型[②]

■社会化（Socialization）
通过共同体验，获得、传递隐性知识的过程

■外化（Externalization）
为了共享获得的隐性知识，将之转换成显性知识的过程

■组合化（Combination）
将显性知识之间进行组合搭配，创造新的显性知识的过程

■内化（Internalization）
将可利用的显性知识作为基础，个人进行实践，领会这一知识的过程

根据《知识创造企业》（东洋经济新报社）制作

成功实现知识管理的三个要点

①能够以每天的作业为中心，为轻松积累数据而做出努力。
②能够轻松从积累的数据中找到必要知识的体系架构。
③时刻升级进化所管理的数据知识的体系架构。

---

① 译者注：在工作中有"暗默知"和"形式知"两种。所谓的"暗默知"就是不被常识、步骤、标准等明确表现出来的经验、技能的积累，而"形式知"是能够以标准、步骤、说明书等形式表现出来的固有知识。

② 译者注：SECI模型的最初原型是野中郁次郎和竹内弘高提出的，是针对日本企业中的知识管理架构而提出的独特见解，对知识创造和知识管理提出的新颖认识。野中郁次郎提出，在企业创新活动的过程中隐性知识和显性知识二者之间互相作用、互相转化，知识转化的过程实际上就是知识创造的过程。知识转化有四种基本模式——潜移默化(社会化，Socialization)、外部明示 (外化，Externalization)、汇总组合(组合化，Combination)和内部升华 (内化，Internalization)，即著名的SECI模型。

够应对不断提高的技术必要条件及越来越严苛的质量要求、不断缩短产品周期的产品设计体制，知识管理的实现必不可少。

要想在进行知识收集的同时，将熟练技术者的隐性知识（暗默知）转变成显性知识的信息，实现技术水平的均质化，必须做到对信息系统的灵活运用。

要想利用 PLM 实现知识管理，必须要满足图 3-4-1 的 3 个要点。

1. 积累知识的结构

各个设计者所具备的知识是在以往经验积累的基础上组成的。因此，越是经验丰富的熟练者，越是掌握了应对和处理各种情况的知识技能。

但是，将这种知识技能一个一个地转换成显性知识十分费时，而且还会令提供知识技能的熟练设计者无法体会到其较大的好处，因此将知识作为信息转换成显性知识也是一件非常费力的工作。

另外，熟练者的知识技能只有在遇到各种各样的课题时才能发挥出作用，因此，根据使用知识技能的场合，需要灵活运用的知识会有所不同，而且有时也需要从若干知识中选择最合适的加以使用。

因此，从熟练设计者那里引导出能够应对所有情况的知识技能，是一项非常费时费力的工作。

那么，如何才能从熟练设计者处成功引导出所需知识，在 PLM 系统中建立能够积累这些知识的结构呢？线索就隐藏在日常工作之中。

在日常的设计作业中，经常有需要重新查看、修改设计制作说明书，进行设计评论，对不良问题进行评价的情况，在这些情况下就需要灵活使用多种知识技能。

作为设计开发环境的基础设施，PLM 在导入时，必须保留日常作业过程中形成的文件修订及评价中的评论等内容，也就是说，在建立一个体系架构时，要留存进行各项业务的理由及意图。

通过这一做法，把日常作业中发生的知识技能积累在 PLM 系统中，就能够减轻熟练者在盘点知识技能方面的巨大工作量。

比如：用数字化实体模型进行设计评论的时候，会将三维设计数据给各个部门的人员进行传阅和评论。在此时的评价中，以实现最佳生产制造为目的的各部门知识技能将会被转换成显性知识留存下来。

如果这种信息能与三维信息的产品编号及图号一起，被用红色字体评价的注释保留、积累在 PLM 系统中，就能够把针对特定现象的注意事项及错误等倾向作为信息积累起来。

此外，积累信息还有其他方法，如：准备一个能将用文档文件及表格计算单制作而成的技术说明书或实验结果等简单登记录入 PLM 的界面，通过拖动或点击图标等简单操作来登记录入信息，这种架构也十分有效。

登记录入到 PLM 中的信息要按版本分类，作为共享数据进行一元化管理。

利用这种架构，能够减少设计者将信息登记录入 PLM 的时间和劳力，让设计者能够通过拖动、点击特定文件夹并加以保存，达到在 PLM 中将信息登记录入为共享数据的目的。

此外，为了明确前一个版本和新版本的变更内容而保留信息，这也是在日常工作中提取并积累设计者知识技能的有效方法。

2. 使用（寻找）知识的结构

在 PLM 中积累的知识如果不被使用则毫无意义。为了使知识管理有用武之地，必须采用能使知识发挥作用的架构，即"轻松找到所需知识的架构"和"发现知识的架构"这两种方法。

●轻松找到所需知识的架构

要想实现轻松找到所需知识的架构，检索技术需要发挥非常重要的作用。根据单纯的关键词进行检索以及使用星标进行模糊检索等方法也很有效，但仅靠这些方法是不够的。

由于设计者想要寻找信息时并不知道答案，因此在寻找信息时大体上都会输入感觉能够解决课题的关键词进行信息检索。但是，如果检索的关键词和 PLM 中作为知识信息被录入的用语不一致的话，则无论两者的意思多么相同，也无法被检索到。

因此，要想检索并找出信息，必须使用将词语和词语之间的意思进行分类的辞典（词库），实现相似检索。

比如：在检索呈 90° 弯折的棒子的现象时，如果系统中录入的是"棒子弯折"，那么检索"棒子弯曲"是找不到这一信息的。

如果能将这种个人表达上的差异作为相似词定义到辞典（词库）中，那么即使是按不同的文字排列进行检索，辞典也会自动将相关信息检索出来。

●发现知识的架构

建立发现知识的架构有两种方法，一种是"导航并发现下一步必须要进行的作业"的方法，另一种是"系统自动将大量数据中的相关信息进行分类，更轻松地发现和找到数据"的方法。

所谓导航（Navigation），就是将解析的步骤及设计作业的推进方法预先输入系统，一旦设计者的作业完成，系统就会在画面上显示下一步应该进行的作业，或自动显示出需要输入下一步必要信息的画面，这样设计者的作业就会毫无遗漏地进行，这就是导航的基本架构。

另外，系统自动从大量数据中对相关信息进行分类和抽取的这一架构，是依据系统设定的关联程度的规则，分析数据中包含的信息，自动收集关联性高的信息并显示出来的架构。

通过建立这样的架构，即使是负责的设计者不知道的或是忘记的信息，PLM 也会协助设计者发现这些必要信息，以此提高设计质量，减少返工导致的时间浪费。

3. 使知识成长的结构

技术是时刻成长的。过去使用的知识技能未必会适用于新发生的课题。

知识管理失败，大多都是因为积累的信息已经陈旧。最开始会积极地登记录入信息、积累知识，但随着时间的流逝，积累的信息新鲜度不断下降，而如果不能持续对知识进行整备，信息就会变得陈旧，不适用的知识技能就会积累下来。

另外，随着技术及技能的进化，知识形式的必要信息及内容也必须要不断变化。

但是，登记录入到系统中的信息在多数情况下都被积累在定义为数据库的容器之中，无法简单地进行变更。

因此，为了使知识获得成长，必须要随时针对变化的知识，定期使用辞典等重新考虑分类。像这样，在使知识保持最佳状态的同时，能够不显示不需要的信息，且灵活追加必要的新信息的架构，是使知识获得成长的系统所必需的。

定期对 PLM 系统积累的知识进行分类是一项非常烦琐费力的工作。但是最近，对数据进行文本挖掘（Text Mining）的技术不断提高，因此使用这种文本挖掘分析技术，能使纵观并抓住数据库中积累的数据倾向变得更加容易，分类作业也能够变得更加简单。

此外，为了不对数据库的数据构造方面产生影响，具有能够轻松实现属性的追加消除的中间件（Middleware）的 PLM 也应运而生，实现 PLM 的系统性制约，能实现良性知识管理的环境也在不断完善之中。

◆通过统一主数据的再现提高数据的整合性及保守性

使用各种主数据，可对产品信息进行管理。产品信息的根源主数据应该在 PLM 中被管理，这些主数据类信息的输入及运用的场合则由于各种不同业务产生了分类。

我们以管理产品信息最具代表性的主数据——品目主数据为例进行说明。在品目主数据中，不仅包括从产品编号和品名等基本信息到原材料及尺寸、单位等品目相关的信息，还包括个数及供应期、价格等与供应及生产相关的信息、标准成本及化学物质含量信息等，必须将所有信息关联到一起进行管理。

在对产品编号进行取号的时候，虽然设计者会登记并制作主数据，但无法决定供应期及价格等因素，因此采购部门也必须进行登记，而且在登记生产可能天数、使用 MRP 的情况下，生产管理部门也必须要登记必要信息。

像这样，主数据信息的最初登记部门虽然是设计部门，但将仅凭设计部门无法进行登记的信息以及设计部门登记的主数据分配给后续工序业务并交由其输入、运用等，制订符合这种业务特性的主数据维持管理方针的方案非常有必要。

另外，通过将各种部门所使用的主数据信息在全公司范围内进行一元化管理，提高了主数据的整合性及保守性、正确性。

然而，全公司的业务全部都使用一个系统进行运行并不现实。即便主数据相同，但如果业务中的必要处理环节没有针对各个业务进行特殊化，那么业务的效率化就无从谈起。

因此，PLM 又提供了一种新的解决方案，即将在产品生命周期中管理的主数据作为"统一主数据"与业务系统分离,并作为"中立的全公司主数据"进行统一管理。

这一解决方案从统一主数据的角度来看,与生产管理及销售管理、采购管理及成本管理相同,将 PLM 定位为辅助设计业务的一个系统,把各个周边系统运行的所有主数据进行统一管理。统一主数据具备以下功能:

1. 数据净化功能

最初运用统一主数据时,主数据信息不在统一主数据内,大部分信息都分散在各个周边系统中。

此时,虽然在设计系统及生产系统、采购系统中都具有相同的"品目主数据",但各个主数据具有的属性都被附加了各个业务的必要属性,因此,也不是全然相同的。

同样的,为了便于识别品目信息,产品编号上应带有关键词属性,但大部分情况下,除了设计部门确定的产品编号以外,还具有由各个业务附加便利的追加编号的编号体系。

为了将这种分散凌乱的主数据进行统一,用统一主数据进行一元化管理,必须要把各系统分散的主数据信息"正规化"。

所谓主数据的正规化,就是将应该作为统一主数据的主数据属性进行管理的信息和各系统中应该个别持有的信息进行分类和定义。

但是,只确定了统一主数据属性还无法统一主数据。即便取得了一个相同的"产品编号"属性,设计部门也有可能会为了版本升级而使用带有连字符的产品编号,而生产部门也可能将生产地点的信息加进产品编号中进行管理。

这样一来,不仅是用主数据管理的属性的整备,对于登记为属性的内容数据,也必须要定义好一个将各个数据关联起来的规则。

为了满足这些必要条件，PLM 配备了能够在统一主数据中灵活定义统一管理的主数据属性、具有将作为内容的属性集合化的功能以及从各系统中输入数据时，系统能够判断、处理相同主数据信息的"数据净化功能"。

2. 数据统一化功能

使用数据净化功能对各系统的主数据信息进行统一化之后，必须要分别定义出"将统一主数据作为主数据的正数据进行使用的部门"和"向统一主数据输入数据的系统"，保持主数据的统一性。

由各周边系统输入的主数据，被转移到统一主数据中，在经过数据的净化处理后，会被进行集合化管理。

之后，向与统一主数据合作的其他系统发送信息变更内容，实现以统一主数据为中心的全公司系统的主数据的整合。

3. 统一主数据管理功能

经过数据净化和数据统一化处理，在统一主数据中管理的主数据就用作了全公司范围的正数据。

但是，主数据信息在这一阶段不能停止，而是必须要随着业务的变化及系统的进化，统一、废止主数据的属性信息，并进行维护保养。

为了灵活应对保养维护的需求，必须在构建统一主数据时就计划并实现"能够使用简单的数据库处理新属性的追加"及"不需要属性的废止"等数据构造的变更，废止或接着使用数据库的架构。

通过对主数据信息进行一元化管理并统一，明确了全公司范围的正数据的存在，但在推进业务的各个部门，必须根据业务内容对数据进行加工。

特别是零部件表等信息，要根据不同业务形式加工成设计零部件表、生产零部件表、销售零部件表、服务零部件表等。

为了满足此类需求，统一主数据还配备了能够在保持主数据统一的同时，只提取业务需要的信息的"View"功能。

4. 配置管理

在对主数据进行统一管理的同时，只提取业务必需信息的架构叫作"配置管理"功能。

配置管理具有两种功能："条件输入功能"和"限制规则引擎功能"。

●条件输入功能

要想检索业务必需的产品信息，不能在产品制作说明书中检索，输入现场的使用条件进行检索更有效。为此，必须配备将现场的语言和产品用语相关联的条件管理桌面。

●限制规则引擎功能

检索结果不仅能显示目标零部件，还能够用规则引擎找到相互影响的关联零部件，这样就能够提供用户想要的信息，促进公司内部知识技能的共享。

---

5. 其他系统界面功能

由于统一主数据是与其他系统合作进行使用的，因此要求必须能够易于与其他系统构建界面。

与其他系统之间构建的界面通常以文档文件为媒介进行数据合作，或是开发出能够直接访问合作方系统的数据库的程序并加以合作，但由于会花费时间和资金，因此无法简单地变更。

为了能够轻松构筑这种系统界面，PLM 在统一主数据中配备了 EAI[①]（企业应用集成）功能。

使用 EAI 功能，只需要将对象系统的数据构造和统一主数据的数据构造在画面上关联起来进行定义，就能够轻松构筑与数据合作的界面。

图3-4-2 统一主数据的整体情况

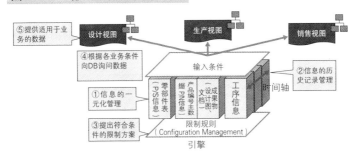

①**信息的一元化管理**
　　将在各个业务中产生的与主数据相关联的信息结合关联性进行管理的同时，按各个部门分别制作编号体系一览表并进行一元化管理，对全公司的正数据进行一元化管理。
②**按历史记录管理**
　　将各主数据信息按照不同历史记录进行管理，实现在业务中必要时间轴上的信息收集。
③**限制规则引擎**
　　标准零部件构成及关联对象、零部件的适用性等作为限制规则加以运用，一次提出系统必需的信息，无遗漏地向使用者提供正确信息。
④**输入条件**
　　用业务视角的语言输入提取信息的条件，并将之翻译成必要的形式传达给系统，提取信息。
⑤**视图**
　　提供适用于业务的产品构成信息（零部件表）。

―――――――――――

①注：Enterprise Application Integration：将若干系统统一，以实现数据及流程的统一管理为目的的功能，也指能实现该功能的应用程序。

第4章

对业务知识的理解是系统构建成功的关键

4-1 构建PLM的必备业务知识

◆业务一定有"意义"

要想构建 PLM，必须要知道并理解产品的设计开发业务内容。设计开发作业就是将人在大脑中思考的东西具体化的作业，要想把人创造出来的东西具体化并使之成型，必须要将传递给人的必要信息进行整理，整理总结成让人能够理解的形式。

这种设计作业并不仅是"从计划图到组装图、零部件图"等一个方向的流程。即使在零部件表的制图过程中，也会发生由于计划图的重新修改等导致步骤返工等变更情况，设计作业就是会在日常工作中发生这些变更的业务流程。因此，必须要构建出能够配合这种业务流程、定义灵活的信息流通的系统，然而，PLM 的构建存在着一定的难度。

另外，看了三维 CAD 的公开展示等之后，会给人一种能够完美地描画出极其复杂的形状且能非常轻松地完成制图作业的错觉。但是，即便以这种公开展示的感觉制作出了设计图，也不能成为实际上可以使用的机器。

在制作机器的动态设计图时，一条线、一个圆都具有非常重大的意义。画出一条 100mm 的直线的设计图中，自有其画成 100mm 的理由，有着 101mm 或是 99mm 都不可以的理由。

在很多书籍中，围绕这种设计开发业务，都以机械工学的视角对设计开发工序进行了说明，但是从构建系统的视角出发进行讨论的却几乎没有。

在本章中，将以 PLM 系统构建时的必要视角出发，说明设计开发业务的目的和流程，深入理解"为什么 PLM 必须要具备这种功能"。

◆把握产品设计的流程

第 2 章、第 3 章对 PLM 的功能方面进行了说明。但是，如果从产品开发的设计作业视角出发来看之前说明的这些功能，就会知道这些只不过是部分功能动作。

要想使 PLM 的各个功能在设计开发业务中起到有效作用，就必须要了解 PLM 功能是如何作为设计作业的一环被使用的。

因此，在本章中，就将把 PLM 构建所必要的基本设计业务知识按照以下产品设计流程进行解释说明。

图4-1-1 设计业务的流程

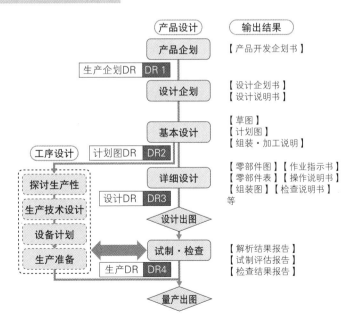

①产品企划、基本设计·整体设计

②详细设计·个别设计

③试制

④生产技术设计

⑤量产

4-2 了解产品企划、基本设计与整体设计

◆ 了解设计业务的内容

设计业务并不仅仅是制作零部件图及组装图等设计图的制图作业。所谓设计业务，是思考与自身想要制作的产品相关的功能及构造，探讨产品具体化后的形状及尺寸、加工方法，并将想法付诸实现，使其成为有形的具体化作业。

另外，为了将组装方法及安全性、保养性等也具体化，令后续工序能够完美无缺、分毫不差地进行生产制造而把信息以有形的状态保留下来的作业全都是设计业务的内容对象。

因此，在构建 PLM 时，并不是仅仅安装了管理用 CAD 等制作的设计图等数据的功能就万事大吉了。必须要在考虑到设计者进行的作业流程的基础上，更加有效地收集设计者做出的成果物——具有附加价值的信息，通过建立能够在恰当的时机向恰当人员提供信息的环境，思考如何建立能够提高设计质量、缩短设计时长的环境并将其提供给设计者。

下面，就按照机械设计中的设计业务工作流程进行介绍说明。

1. 企划方案的提出

针对需求课题，围绕如何推进设计作业的方针提出方案的阶段。在这一阶段，会制作出产品的基本制作说明书、日程计划、责任分配、预算等成果物。

●基本制作说明书的制作

在基本制作说明书中，针对顾客需求及企划课题，在定义出具体的功能的同时，明确实现功能所需的条件方法。

在制作基本制作说明书时，要在探讨技术方面实现的可能性的同时，讨论实现所需功能的合适方法。

用 PLM 对过去的需求课题及基本制作说明书进行管理，这样就能建立出即使重新出现了相同的需求事项，也能够轻松检索并找到过去的成果物的环境。

通过向设计者提供这种体系架构，能够缩短讨论的时长，参考过去的最佳实践，即使是经验不足的设计者也能快速制作出基本设计说明书。

此外，PLM 管理的不仅有基本设计说明书的最佳实践内容，还有未被采用的基本设计说明书以及过去基本设计书的修订理由等，这样既能够防止同样的错误再次发生，还能制作出质量较高的基本制作说明书。

●日程的制定

从交货日期开始逆推计算，建立设计项目的大日程计划，整理出销售及制造、直到交货的大体工作流程。

在讨论日程计划的时候，不仅要明确设计作业中的必要工作，还要考虑好开始生产制造所必要的试制日程及检查、试运行时间等。而且，要在搞清楚产品开始量产及向客户交货之前必要的工作作业之后，再确定日程。

通过用 PLM 参照过去的项目日程，能够防止作业内容的疏漏，建立以现实日程为基础的大日程计划。

通过向设计者提供能够参照过去项目的环境，能够快速构建最佳日程计划。

●责任分配的确定

设计开发项目由设计部门发起，在生产技术及质量保证、采购及市场营销等公司各个部门的通力合作下，进行产品开发。为此，不仅是公司内部的部门之间，还必须要根据所需的能力，选择满足这些必要能力的外包公司合作企业。

此外，不仅要确定相关部门的负责人及责任分配，还要把握各自职责所具有的能力及资源情况。而且，计划必须要保证能在必要的时机将这些情况分配给合适的成员，使设计工作流畅、顺利地向前推进。

使用 PLM 的时候也是如此，通过为恰当的人员设置参考及传阅所必需的信息的权限及工作流，能够根据设计工作的进度，将必要信息迅速地与后续工序共享。

●预算计划的提出

要想生产制造出满足基本制作说明书的产品，必须建立必要成本计划。

在讨论预算的时候，不应采用积累必要经费的方式，而应设定一个能够被市场接受的产品销售价格，结合销售计划来规划合理投资的预算。

在预算中，不仅要考虑到产品的制造成本，还要考虑到设计过程中所花费的人工费及设备投资费用，规划合理的投资额。

通过在 PLM 中对计划的预算进行管理，构建能够轻松便利地实施对计划预算和实际费用进行比较的环境，能够在顾及成本的同时展开产品设计。

2. 草图（漫画）的制作

建立了基本计划之后，就要对能够实现满足基本计划中规定的制作说明的功能进行讨论了。

本阶段，为了在经历各种尝试和失败的基础上总结归纳设计方案，不需要用精确细致的设计图，而需要用手绘的"漫画"草图来讨论功能及构造、驱动及动力、强度及控制方法等。

在草图中，为了能够灵活地重复尝试和失败，大多会用手绘推进作业，并且在这一阶段，会确定如功能及构造、驱动方式等能够决定之后的产品制作方法的多种重要要素。

将在手绘阶段确定功能及构造、驱动方式等的理由与 PLM 相关联并保留下来，能让后续工序的作业者理解设计者的意图，并推进作业。

3. 计划图的制作

草图是设计者将在头脑中思考的东西落实在绘图中的阶段，因此并没有写上制造产品所必须的尺寸、材质及形状等。

明确并写清楚生产制造的必要条件，保证生产制造顺利进行的信息制作要在计划图制作工序之后再进行。

为了将草图完善成正确的设计图，在使用 CAD 等对设计图进行完善和细化的同时，还要对其进行电子化管理。在草图阶段，为了将未充分讨论的事项具体化，会数次修改订正设计图。

在制作设计图的过程中，只要使用 CAD，就能轻松地对相同形状进行编辑或复制，因此过去制作的零部件的形状等也能够简单地挪用，对直线及曲线的修改也可以轻松完成，这使得制图作业的效率获得了大幅提高。

在计划图中，在描画产品的整体设计布局图的同时，不仅加入了构造及驱动方法，还加入了加工方法及组装方法等产品制造的所有必要信息。

将计划图制作阶段所制作的设计图及原材料信息、加工方法等设计图信息与产品编号相关联，在 PLM 中加以管理，这样就给后续工序的负责人也提供了能够轻松检索设计内容的环境。其好处是，成功创造出了向设计者传达后续工序的事先评论及反馈的并行工程环境。

4. 零部件图、组装图、零部件表的制作

完成计划图后，就要将计划图中所写的制作构成产品的零部件的必要信息具体化。

首先，需要确定零部件图中各零部件的尺寸及材质、重量、加工方法与步骤、是内部制造产品还是外部供应品等信息。

此时，要以计划图为准，分解各个零部件，建立临时的零部件表，在考虑组装性的同时将分解后的功能详细填充、制作成"零部件图"。

将这些信息作为"零部件表"信息逐渐收录到 PLM 系统中，在 PLM 系统内部构建管理设计信息的体系。

零部件图中不仅有公司自主在内部生产的零部件信息，还有从公司外部采购进来的零部件信息，因此仅凭设计部门来收集到充足的信息会花费大量的时间。

在进行零部件图设计的同时，构建能令采购部门及合作企业输入必要信息的环境，为设计者准备好收集最新信息的环境，这样就能够减轻设计者的负担，利用最新信息推进设计作业。

零部件图制作完成后，要制作组装这些零部件的"组装图"。而在组装图中，还要规定好零部件能否组合连接、组装作业的问题点、高效的组装步骤、组装后的动作确认方法等。

组装图中的成果物也要与零部件图一样，在 PLM 系统上作为主

数据被登记录入、管理，与计划图的设计图和零部件的产品编号关联在一起进行一元化管理，以实现信息共享，推进并行工程。

随着零部件图和组装图的完成，零部件表的构成零部件将得以明确，最终的零部件表也宣告完成。

通常，在用制作零部件图和组装图的 CAD 进行管理的设计信息中，也会同时制作零部件表的信息。因此，如果能够将 CAD 内包含的零部件表信息直接收录到 PLM 中，就能够节省再次在 PLM 上输入信息的工作，提高工作效率。

零部件表完成后，会作为产品的设计信息公开给相关的后续工序。

产品中包含的零部件信息作为零部件表信息被共享后，后续工序的各个部门就可以开始对零部件的制作及采购部署、交货期管理等生产必要作业进行准备了。

在 PLM 系统中，要把产品零部件图及组装图的零部件表进行统一管理。另外，还要对 PLM 上的零部件表之后的修改及版本升级信息等历史记录按不同历史版次进行管理。

◆三维 CAD 的优缺点

近来，很多企业都使用三维 CAD 来进行设计。

要想解读以往的二维设计图，必须具备哪个"点"与哪个"点"相连，哪条"边"与哪条"边"相关等构图学的知识，否则理解设计图会非常吃力。

但是，与用二维设计图中所使用的投影法及三面图来解读产品及零部件的形状相比，用三维 CAD 制作的三维立体模型在"谁都能轻松理解形状"这一点上是一次极其巨大的革新。

另外，通过将零部件等画成三维图，能够灵活利用其立体图形的特征，对设置的零部件与零部件在接触时是否会相互妨碍进行干涉检查，如此一来，即便没有对相接相连时的位置关系以及连接顺序等进行试制，也能在一定程度上进行模拟，使生产制造中的量产以后的工序精确度获得了飞跃性的提高。

用三维 CAD 制作三维模型，不仅能在设计阶段检验实际生产制造的"制作难度"，还能将设计者制作的设计内容等共享给没有构图学知识的人员。

其好处就是，在量产开始前可以接受大量人员的评论，且在量产前切实提高设计图的完成度。

另外，三维模型还可以定义为内部实心的立体物。以往不使用试制品就无法进行测试，如根据金属及塑料等零部件所使用的原材料特性进行的强度及热度解析等，现如今能够通过计算机的模拟来进行讨论了。

也就是说，与使用实际试制品相比，三维模型能够省去准备试制品的时间和劳力，并从各种角度反复多次进行前期测试。

随着试制次数的减少，不仅成品质量得到了提高，由于量产后的不良问题引发的返工也不断减少，缩短了设计时长。

设计图的三维立体化促进了多数设计业务的改善，但也并不是没有任何问题的。

如果是以往的二维设计图，要想画出一条线，设计者必须要对"连接两点，画出多少 cm 的直线合适""一直这样画线的话，有可能会碰到其他零部件"等问题进行考虑。

但是，如果是三维模型，给底边的形状加上一个高度，就能马上建成一个立体图形，因此，设计者无需多虑就能进行制图。

虽说能够轻松绘制出图形是件好事，但所谓轻松，就意味着"即便不考虑太多"也能绘制图形，因此在新手设计者之中，比起设计的本质——"将功能写进设计图中"的作业，也有不少人专注于"绘制出漂亮的图形"。

另外，在二维设计图中，与尺寸公差及几何公差、角度、位置、处理方法、材质相关的各种信息都会被写在一张设计图之中。产品制作必需的信息都汇集在一张纸上，因此只要有设计图就能够进行生产制作。

三维模型则将产品制作必需的信息分为"三维形状""产品特性信息""设计图管理信息"几个信息类群进行处理，仅仅查看三维模型是无法完全收集到生产制造所必需的所有信息的。

特别是，在公差及角度、表面处理、材质信息等表示产品特性信息的设计图的表现方法上，三维模型甚至比二维设计图更困难了。

虽说尺寸及角度等在三维模型中也能绘制出来，表面处理方法及原材料特性、加工方法等也只需使用 CAD 具有的注释功能就可以写进文件中，但"能作为 CAD 绘制"和"作为设计图绘制"两者之间的差距尚未被填平。

设计者想要在真正想指定的位置绘制出尺寸及角度的指定及注释等，但由于 CAD 功能上的限制等原因，"无法将加工所必需的信息顺利地在三维模型中标记出来"等问题仍旧没有得到圆满解决，可以说，这是今后的一大课题。

表 4-3-1　三维设计的优缺点

优点	缺点
·立体图形，可以向任何人传递设计图信息 ·能够将形状以三维立体的形式表现出来，因此可以在电脑上模拟出以往的二维图形无法做到的动作确认等	·可以不考虑一条线或圆直接绘制 ·产品特性及标题栏中的设计图管理信息等被分散地进行管理，无法在一张设计图中展现出来 ·无法将产品特性按自己的想法绘制在想要的位置 ·CAD的操作方法与以往不同，熟练掌握需要时间
三维设计解决的问题 ·干涉检查 ·组装性讨论 ·设计确认 ·解析模拟（CAE） ·加工数据的制作（CAM）	产品特性举例 ·尺寸、公差、几何公差、角度、位置、轮廓度、表面处理、热处理、材质、质量、标注、加工指示、加工方法的扩大、剖面图、供应指示、质量标准、环境标准、参考信息

◆三维模型的管理方法

在三维 CAD 中，可以在由 X、Y、Z 轴组成的三维空间中绘制出立体的产品及零部件。而且，与用二维的投影法制作出来的正面图及平面图不同，用三维 CAD 能够制作出立体的零部件模型，这样，没有构图学知识的人也能够轻松地表述出产品的形状了。

另外，由于能够将设计对象的形状以三维模型的形式表现出来，组装性的验证及干涉检查就能够在 CAD 上进行了。

其好处就是，能够在若干人员推进作业的同时，对最终产品的组装性及干涉程度同时进行确认。

但是，在使用三维 CAD 制作的三维模型中，即便表现出了形状，尺寸及公差、产品特性等的标记却并不充分。因此，必须要多下功夫，正确管理三维模型中没有完全表现出来的信息，毫无遗漏地传递生产制造所必需的后续工序信息。

图4-3-1　用投影法制图

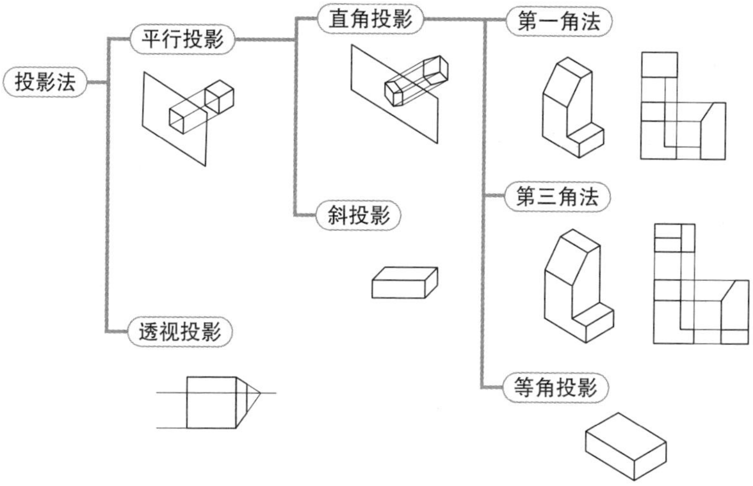

要想使用三维模型共享信息，必须考虑以下 3 个要点：

1. 在三维模型中追加的产品特性信息

三维模型只能表现形状，仅仅如此的话无法称之为设计图。只有在设计图中写入尺寸、定义尺寸允许的偏差范围的"公差"、以注释的形式写进设计图中的"产品特性"等，后续工序的人员才能够理解设计图中所写的设计内容。

用三维模型记述这些产品特性时，与能通过 CAD 在设计图上标记的表现方法不同。因此，在使用三维模型之际，必须要重新确定尺寸、公差、产品特性等应记述的标准及标记规则。

2. 三维模型和管理信息的联动

要想将三维模型作为设计图信息进行管理，必须将其与零部件编号及图号、名称等管理信息联接起来，一并进行管理。

使用 PLM 系统能够简单轻松地对以管理这种三维模型为目的的信息进行管理，使用起来也很方便容易。另外，使用 PLM 系统还能轻松实现对三维模型的历史记录管理及更新、查看的权限管理等。

3.取代纸张的阅览手段的准备

设计图是画在纸上的，因此，无论何时、何地，无论是谁都能够轻松查看其内容。

但是，用 CAD 绘制的三维模型，如果没有制作三维模型的 CAD 或 Viewer 软件的话，就无法查看其内容。

在用三维模型推进设计工作时，必须要对阅览三维模型的体系架构进行讨论。

除此之外，为使若干设计者能够顺利进行共同设计，必须先规定好管理三维模型数据的规则。

比如：在管理三维数据时，就可以分成以下几个文件夹进行管理。

---

①储存了开发对象产品的计划图及零部件图的文件夹

以开发对象产品为课题分别进行管理。按不同课题分成若干文件夹，在这些文件夹中，将产品的"一级组件"作为表现产品整体的计划图进行保存和管理，将构成一级组件的各个单元作为零部件图分别进行管理。

各装配组件都具有构成零部件的组装位置信息，因此位于下面的零部件的模型数据发生变化时，位于上面的装配组件的形状也会反映出变更的内容，即具有联动的体系架构。

---

②储存标准零部件数据的文件夹

将其他产品也可使用的通用三维模型作为标准零部件进行汇总管理是最为有效的。采用计划图及零部件图的通用零部件，可以通过使用标准零部件文件夹中的零部件，迅速及时地在计划图和零部件图中反映出标准零部件的变更内容。

③管理夹具、工具等的文件夹

将为了验证组装性而使用的工具及模型等夹具、工具类进行汇总管理，整合出能将以前制作的夹具、工具的三维模型作为资产进行再利用的环境。

表 4-3-2　在用 CAD 制成的三维模型中，设计图不足之处的信息举例

CAD	Annotation 指示要点图清单的实证结果
CATIA	·一并记载了几何公差和尺寸公差的部分分别用FTG和FTA制作。数据方面具有关联，但即便选择实体，也不能作为与相关联的几何公差和尺寸同时关联在一起的东西进行处理。 ·数据没有辅助线功能，因此无法按指示进行标记。 ·轮廓度：选择想要指定的范围界限，指出轮廓度，用偏移选项指出领域的功能必不可少，但却没有对应处理的功能。
I-deas 11	·想要以直角角度在圆柱体内面添加注释指示，但根据直径尺寸无法写入，因此，必须将尺寸为"$2 \times \phi 9H7$"的全部注释指示用文档记述。 ·关于轮廓度，选择想要指定的范围界限指示轮廓度，用偏移选项指出领域的功能必不可少，但却没有应对处理的功能。
NX2	·无法在理论值上附加公差。 ·缺少针对3D模型将横截面指示作为注释进行制作的功能。 ·对于轮廓度，选择想要指定的范围界限指出轮廓度，用偏移选项指出领域的功能必不可少，但却没有应对处理的功能。
Pro/E	·由于采用的是在尺寸中附加几何公差的形式，因此仅附加了对几何公差的记述。（用空白尺寸进行回避） ·不能与数据及表面完工模型引出的线进行关联。（在任意位置记入） ·D1、D2、H1之类的尺寸输入无法与文档组成的模型相互关联。 ·口周的基准尺寸无法表示出公差。 ·轮廓度与其他CAD相同。必须手动画出指定范围。

注：JAMA 报告的这些信息现如今已经由于 CAD 的版本升级而具有了应对处理的功能，但要想像以前的二维设计图一样，设计者能自由地将必要产品特性写入设计图中还任重而道远。

根据社团法人 日本汽车工业会 3D 设计图标准化 WG《实证测试模型和实证结果报告》（2004/7/22）制作

◆用产品编号体系进行产品信息管理

识别产品信息的关键点之一就是"产品编号"。在 PLM 等信息系统中，产品编号被用作检索产品及零部件的关键词。

产品编号是以识别产品及零部件等为目的，付与产品及零部件的编号，因此，很多人都理所当然地认为，用产品编号进行检索就一定能够检索出产品及零部件信息。

但是，在绝大多数企业中，产品编号同产品及零部件并不是一一对应的，因此有可能存在若干个表示相同的产品及零部件等的编码，即使是相同的零部件，也会由于部门的不同而采取不同的编号体系。

其原因在于，不同部门对待事物的看法也不同。不同部门会以符合自身业务的形式对编号体系进行最适化处理，所以就出现了这种"一件物品多个产品编号"的取号现状。

特别是在制造业中，物品的形状会随着工序的推进而发生改变。比如：在设计部门有时候对同一个产品也会平行推进好几个讨论方案，因此必须要对哪个才是最新信息，哪个是最终采用的产品信息进行识别。

另一方面，销售部门会使用"商品编码"表示产品的编码。产品编号（产品编码）表示公司内部的特定产品，是以公司内部视角为出发点的编码体系，商品编码则是以顾客（公司外部）视角来看待产品的编码体系，商品编码和产品编码（产品编号）并不是一一对应的。

此外，销售人员关注到产品编号，多数情况下都是在确认自己负责的商品是否正确出货的时候。而除此之外，为了更轻松方便地把握该产品发给了哪类顾客、与什么东西一同出货等信息，有时还会在产品编号中附加上顾客信息，在其他体系中使用销售部门内部的产品编号。

特别是在系统化还未发展起来的时代，更是在产品编号上下了一番功夫，通过在设计部门取号的产品编号中加入配合部门业务的子产品编号，使现场作业者只需要看到编码就能够推进业务，有效开展业务。

但是，站在全公司的视角，如果不将产品编号统一，就难以使设计的进展及开发成本的把握、在生产计划上的反映、同一零部件的集中购买等业务的效率获得提高。

图4-3-2　根据业务用于不同体系的产品编号

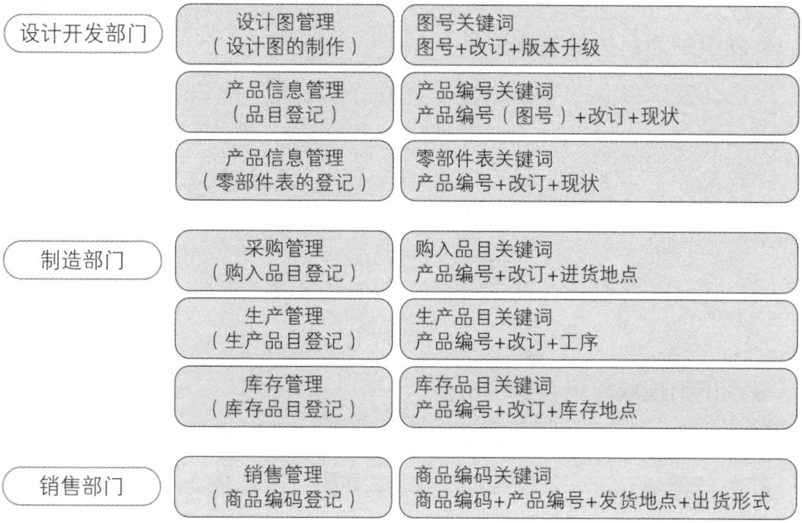

设计开发部门	设计图管理 （设计图的制作）	图号关键词 图号+改订+版本升级
	产品信息管理 （品目登记）	产品编号关键词 产品编号（图号）+改订+现状
	产品信息管理 （零部件表的登记）	零部件表关键词 产品编号+改订+现状
制造部门	采购管理 （购入品目登记）	购入品目关键词 产品编号+改订+进货地点
	生产管理 （生产品目登记）	生产品目关键词 产品编号+改订+工序
	库存管理 （库存品目登记）	库存品目关键词 产品编号+改订+库存地点
销售部门	销售管理 （商品编码登记）	商品编码关键词 商品编码+产品编号+发货地点+出货形式

像 PLM 一样，对信息进行跨部门的、贯穿整个产品生命周期的一元化管理时，通过把握各部门对产品编号体系的需求来确定产品编号体系，是构建 PLM 的重要要素之一，具体如下所示：

1. 设计开发部门中的产品编号的必要条件

绝大多数的情况下，产品编号是在开始进行设计开发工作的同时进行取号而产生的。在设计开发部门中，即使是设计一个成品，也要将若干个设计方案同时并行讨论，再统合出一个最佳设计方案。

在此时的设计方案中，为了识别各个方案，会分别接触到各种编号，但其中必然会有星标的内容，也一定会出现最终无法被选用的编号。

因此，在设计方案最终确定被采用之前，都要将取得的编号作为临时编号来使用，与全公司通用的编码分开另行管理。

正式的设计方案会被赋予全公司均可识别的产品编号，构建编号体系的目的是为了能够从产品编号中读取以下内容：

●以识别为目的的基本编号

·产品及零部件的基本特性（模拟及数字等）的识别

·形状等的差别

·性能及做法的差别

·业界固有分类

　　通过满足以上必要条件的形式来赋予编号意义，或取得连号。

●以识别现状等为目的的区分

　　在设计阶段的产品编号中，必须要具备"临时产品编号""试制产品编号""正式产品编号"及"量产产品编号"等体现设计成熟度的编号体系。

　　虽然也能够将这些信息作为属性进行管理，但考虑到现场的业务效率和系统化的难易程度，将之加进编号体系的例子也很多。

●版本升级等的修订历史记录

　　管理以进行设计变更及版本管理为目的的版本升级的编号。

---

2. 制造部门中的产品编号的必要条件

在制造部门中，每进行一道制造工序物品的形状就会发生改变，因此必须想出能够根据工序的进展，识别物品是"半成品"还是"成品"的办法。

比如根据加工方法或根据颜色进行区别等，即使使用了相同素材及原材料，如果加工方法不同，那么也必须作为不同的物品进行管理。

为了满足这一必要条件，在制造部门中会按照不同工序给这些设计部门取号的编号附加上一个子编码（次级编码），这样就能够对半成品和成品的不同以及颜色的差异等进行区分了。

另外，有时候区别供应品和自制品以及识别物品是在哪个仓库保管存放的也会使用子编码（次级编码）进行编号。

这些子编码是仅在生产制造时使用的管理编码，因此是仅在生产制造部门内部进行取号和处理的编号。

此外，在制造现场，没有电脑的情况很多，为了保证只需看到编号就能进行作业，将具有特定意义的编号作为产品编号进行使用的企业比较常见。

3. 销售部门中的产品编号体系

销售部门不仅要对产品等每一个成品的编号进行管理，还必须要在"商品"这一维度上进行物品管理。

将物品作为商品进行审视的时候，把销售单位的套装和组合等若干成品总括到一起进行管理，或是将相同产品区分为商品和维修品进行管理的必要性就显现了出来。另外，即便由于设计变更历史记录得到了更新，也必须要考虑到相同条件下可以销售的物品由于设计变更而产生的差异。

此外，销售时有时不仅要销售自己公司生产的产品，还要销售其他公司供应的零部件，因此包装方法及发货的区别等也必须要能从编号体系中读解出来。

一直以来，由于这些必要条件全部加入到了产品编号体系之中，因此编号体系变得十分冗长。但是，在系统化得以发展的今天，这一问题可以用多种方法解决，如：将销售固有信息作为属性进行管理；将产品编号和商品编码区分开来进行使用；将商品编码中的销售固有信息作为产品编号进行管理的方法等。

如此，产品编号体系也会根据业务内容要求的要素不同而有所变化。产品编号体系是由具有意义的"分类编码"和不具意义的"识别编码"组合而成的。

如果在产品编号体系中仅使用有意义的分类编码，一旦出现了新的分类就会无法使用；而如果仅使用不具意义的识别编码，则产品编号体系就会变得难以被破坏，非常强韧，但这样一来，只看编号就无法知道其代表的含义，那么不参照特定标准就无法使用了。

在使用电脑开展工作的设计及采购等部门，可以使用运用了较多不具意义的识别编码的编号体系。

而仓库及生产线等难以使用电脑操作的业务，则要给编号附加具有意义的分类编码，或是将编码合并，给实际物品附加上属性和印刷的标记，以此来使业务进行得更加顺利。

◆ 4 阶段的设计评论和出图流程

对设计部门设计的产品内容，必须要从质量及成本、生产制造、法律法规的视角出发，找出课题并验证其是否存在问题。

设计部门进行的"设计"业务，原本是一项"将所有生产制造的必要信息具体化，明确传达给后续工序"的作业。

但是，对设计者的要求逐年增加，要求设计者进行满足所有这些要求的产品开发是不现实的。要求设计者具备的技能组合如下：

> ●对产品性能的实现负责。
> ●把握最新零部件价格的动向。
> ●掌握能够实现成本降低的知识技能。
> ●把握逐渐严苛的关于产品质量及环境的最新法制法规。

因此，对于设计出的内容，为了能够从生产制造的视角、质量的视角、法律法规的视角等各种观点去验证其内容是否具有竞争力，要进行听取其他部门专家意见的"设计评论（设计审查）"。

这些审查，会从价格、交货期、技术、运用、操作、功能、安全、环境等方面，从多种多样的观点和涉及广泛领域的专业知识出发对设计内容进行反馈，提高开发中的产品质量。

像这样，设计评论会在设计阶段消除组织上的多方面的不良问题，在减低量产之后的不良问题的同时，削减后续工序中的返工现象，缩短时间并提高质量、降低成本。

虽说各个企业的设计评论思考方式及工序数量等不尽相同，但在本书中，笔者会以个人经验对一般普遍认知的设计评论的工序加以说明。

在设计评论中，除设计部门之外，从顾客视角进行评论的"销售部门"、从生产制造方面的视角出发进行评论的"生产技术部门"和"制造部门"、从零部件供应的视角出发进行评论的"采购部门"、从质量的视角出发进行评论的"质量管理部门"、探讨是否符合环境等法律法规的"环境部门"等都会参加，对设计部门制作的设计内容反馈要求和改善方案。

图 4-3-3　设计评论的要点

协调力	会议的调整
要选择统一管理技术及生产等部门，具有公平公正地调整人员及技术的能力和人脉的人作为推进DR①的协调人员。	为了顺利地开展由必要成员参加的讨论会议，要对会议内容进行调整，同时准备好在会议中能够专心进行DR的环境。

范围广泛的知识集结	客观性的保证
要客观、公平地对待特定领域及相关主题，让各部门将各自的专业知识反馈到产品设计中。同时，要事先让各部门彻底、完全地了解提出的资料，以免疏漏讨论的矛盾点及探讨的内容。	评论团队的成员不仅由产品开发负责部门，还由产品生命周期相关的各部门人员组成并进行客观的评价。

讨论结果的有效利用
DR中讨论出的结果凝聚了讨论时的意图、考量及知识技能，因此要以将来的产品开发也能使用的形式进行管理。

通常，从产品企划阶段到推出市场，一般会进行 4 次设计评论。

---

①设计评论 –1（DR1）

进行新产品开发申请的阶段。在这一阶段会对设计企划的内容是否具有市场性、是否满足顾客要求、新产品会给公司自身带来什么好处等内容进行讨论，探讨是否应该使这一设计产品化。

②设计评论 –2（DR2）

产品企划内容中，想象及理想、愿望的成分较多。为了将这样的企划内容用实际解决方案再现出来，有必要对产品企划进行讨论，但有可能会需要使用以往所没有的技术及知识技能。于是，在 DR2 中，在确定产品具体实际解决方案的落实点的同时，还要

---

① 译者注：DR，Design Review，设计评论的缩写。

讨论各种课题的解决方法是否妥当。

③设计评论 –3（DR3）

对于设计部门设计出的内容，要集齐质量方面及制造的难易程度、成本及法律法规的符合程度等后续工序部门着手进行作业所必需的信息，讨论这些信息是否满足企划中的产品制造方法、是否符合相应的法律法规等。

这一阶段，在实施设计评论之前，会召开几次主要在设计部门内部进行的小规模评论会议，每次评论都会将后续工序的要求反映到设计内容中，使设计内容不断成熟起来。

设计评论 –2 结束后，设计部门的设计作业就宣告结束。而且，设计评论 –2 结束后，会开展"出图"这项活动，设计部门的产品设计工作就完成了。

至于出图后的设计内容变更，必须全部经过"设计变更"这道正式手续，否则就无法将变更内容加进设计内容中，变更内容全都要做历史记录管理。

④设计评论 –4（DR4）

讨论试制及测试结果。在设计阶段即使充分进行了包括后续工序在内的设计工作，但如果不实际制作的话，也会残存一些不知道能否按要求进行动作的部分。

因此，要实际制作试制品，并进行各种各样的测试，以此确认最终设计出的制作方法是否存在问题。

另外，对于准备量产的初期流动中所发生的不良问题的改善内容，也要进行评论，获得进行量产的批准。

4-4 解析技术的提高给试制带来的好处

◆ 管理用 CAE 解析出的数据

设计出的制作方法会将想法具体化为产品，在要求设计质量提高和前置时间缩短的今天，要求以尽可能少的次数消除不良问题，并按要求的质量制作出产品。

但是现实是，仅在设计阶段就将不良问题全部消除是很困难的，因此在投入量产之前，必须要进行试制和测试，并设置检验设计出的内容能否按预期进行动作的阶段。

在试制及测试阶段，即使还远达不到成品的标准，但在制造出实物并对要求的制作方法和实际测试值之间的差异进行测量的基础上，也能够使设计内容有所改善。

以往，试制和测试如果不进行实际生产制造、不用实机检验的话就无法了解实际结果，但随着 IT 的发展进步，在电脑上进行试制及测试模拟已然成为可能。

只要灵活运用 CAE（Computer Aided Engineering）这一软件，就能针对三维 CAD 制作的形状模型，在用实机确认其强度及耐热性等之前，对构造解析及流体解析、振动解析等进行事先模拟，并将结果反映在设计内容之中。而且，该软件还能够确认产品的性能及功能能否根据在市场中的假想使用条件，按照预期进行动作。

由于解析技术的发展，可以多次重复进行事前的质量确认，实现设计质量的提高。另外，通过减少花费费用的实机试制及测试次数，能够同时满足设计质量的提高和设计时间的缩短，实现设计成本的削减。

这种使用 CAE 的解析业务主要有两个目的。

一个目的是"提高成品品质"。同时开展利用三维模型制作的"设计布局讨论"和"通过解析进行的性能评估"，在进入试制之前预测可能出现的问题点。像这样，必须对设计内容充分进行事前讨论。

第二个目的是"针对现有产品发生的不良问题，及早把握问题点并加以改善"。通过对生产现场及市场中发生的不良问题进行讨论，并实现对产品遇到的多种多样的条件进行模拟，能够得到最佳设计。

这种解析是按以下步骤进行的：

图4-4-1　解析业务的流程

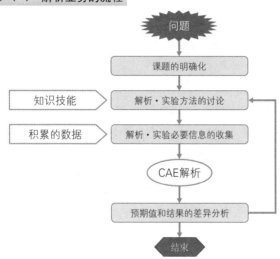

1. 课题的明确化

●问题·课题的定义

首先，在开始进行解析作业之前，先明确"想要进行什么业务"这一课题。

对不良问题进行解析时，在明确产生不良现象的问题是什么的同时，也要明确以解决问题为目的的课题。

另外，在验证设计内容时，要想判断设计出的产品在实际应用中能否毫无问题地被使用，还要讨论强度及耐热性、振动等能否承受住设想的实际使用环境中的负荷。通过这些讨论，明确要解决的课题。

●解析的目的和目标的明确化

一旦通过解析确定了要解决的课题，就要确定对该课题要期待获得什么样的结果，规定出只要达到何种程度的强度及耐热性就能够解决该课题等目标和目的。

此时，为了不陷入过度的解析作业中，要以过去的经验值及实际测量值为基础确定目的和目标。

2.解析·实验方法的讨论

解析的目的和目标明确了之后，接下来就要计划想要通过解析模拟的作业内容和用实机进行测试和确认的范围。

确定用电脑计算出的解析结果和用电脑无法验证的部分的分配比例，规划出能够用解析和测试得到最佳结果的组合搭配。

解析及实验的组合搭配确定了之后，接下来就是规划要使用何种软件及实验机械了。

3.解析·实验必要信息的收集

明确了解析中应实施的事项之后，下一步要计划如何为了实施解析而收集必要信息。收集解析所必需的信息，如：三维模型、实验机器、相关数据（重量、完成时间、原材料特性）、计算条件、边界条件等，并准备进行解析。

4. 预期值和结果之间的再分析

● 实施用 CAE 进行的解析

所有准备工作都完善以后，用 CAE 实施解析。此时，作为解析的前期处理，要先做好信息的整理与管理工作，保证事后还能够使用这些收集的信息。

另外，解析处理花费数小时至数十小时也并不稀奇，因此，在此期间，为保证能稳定地进行解析，必须要事先管理好解析环境。

● 在考虑预期值的目的和意图的基础上建立设计改善方案

用 CAE 解析完成后，要反复斟酌分析解析结果，思考是否按计划实施解析。

如果没有得到预期的解析结果，要再次探讨步骤，提高解析的精确度。而如果得到了预期的解析结果，要将解析结果加入设计内容之中，并反映在产品设计上。

在使用 CAE 进行解析的现场，由于没有有效利用以前的 CAE 讨论结果及解析模型导致必须进行再次解析、同样的不良问题再次发生等问题屡见不鲜。

另外，即便能够再次利用以往的解析模型，检索并收集这些信息也需要分配较多工作量，这样的例子也比比皆是。

为了有效利用过去资产，防止不良问题的再次发生，并将经验值的积累作为设计知识进行活用，要在系统中对解析数据的管理流程进行管理。

实现成本降低和质量提高的生产技术设计

◆设计变更分为两大类别

出图以后的设计图就是正式的设计图了，会分发给多个部门。因此，即使设计内容中有不完备的地方，各部门也不能擅自变更，否则就会失去与设计部门设计出的内容之间的兼容性。

发现设计内容中存在的问题时，要在避免产生这种不兼容性，正确传递出不良问题的信息的同时，建立能向各个部门正确传递变更

讨论设计变更的流程时需要注意以下几点：

1.**设计变更的流程是单向的**
- 设计变更通常不仅发生在设计零部件表中，为了变更生产必要条件，有时也会涉及生产零部件表并发生设计变更。设计系统、生产系统分别构建变更系统不仅会导致投资浪费，还会使相互间的合作变得非常复杂。
- 主数据的正、副含有零乱的问题，因此数据反映应尽可能单方向进行。

2.**设计变更作业应尽可能用一个系统完成**
- 想办法使生产零部件表中的设计变更系统也能在PLM中运行，由此，不仅避免了系统的重复投资，操作的统一及主数据兼容性的维持也会变得更加容易。

3.**变更部分的数值差额反映可以从时间上体现，但难以在逻辑上体现**
- 变更内容的反映方法采用数值差额反映的方法，数据量也会减少，因此非常有效。
- 特别是关于零部件表，因为与位置信息（分级信息）相关，所以对于变更内容的反映，逻辑上会变得非常复杂，因此必须要加以注意。另外，对消除掉的产品编号的处理也要加以注意。

4.**讨论设计变更内容的反映时机非常重要**
- 关于同一产品编号在一天内发生数次设计变更的变更内容在生产方面的反映方法，必须要对"反映什么信息建立生产计划"以及"做出生产指示后的变更应如何进行"等问题进行探讨。

5.**反映设计变更时，要讨论节省人力和时间的办法**
- 实现能正确反映设计变更内容的体系架构的自动化很难，但必须要明确系统的作用和人为作业的范围，确立将设计变更内容反映到单纯的操作中的规则，定义出使用规则。

前与变更后的变化的使用规则，这称之为设计变更管理。

设计变更有两种，一种是"应对出货后发现的不良问题及改善在生产现场发现的不良等问题点"的设计变更，另一种是以"保持功能及性能不变，改变零部件及制造步骤、降低成本"为目的的设计变更。

对于前者，设计变更的信息传递必须要能通知到公司外部的收货方及老主顾，因此称为"社外设变"。

而后者的主要作用在于公司内部的成本削减及前置时间改善，产品自身的功能及性能没有改变，因此称为"社内设变"。

设计变更联络书主要记载了以下内容：

---

1. 变更编号和开票部门、日期

2. 变更机构及部位的指定

3. 变更的区分（发货应对、终止、人员数量的增减等）

4. 新旧零部件编号

5. 表示变更内容的手绘漫画

6. 相关受影响零部件编号一览

7. 安全规格、法律法规关联

8. 变更理由

9. 实施变更前的检查项目

10. 批准历史记录

另外，进行设计变更的具体步骤如下：

---

①不良问题报告（变更的事前通知）

不良问题的发现，来源于顾客投诉及生产现场的发现、伴随着进货零部件的变更发生的问题、应对规章制度的对策处理等。

各种各样的情况下发生的不良问题需制作调查报告。

这些报告要总结汇总成设计变更要求（ECR: Engineering Change Request）并上报。

②设计变更的精查

生产制造现场每天都会提出多个设计变更要求。这些不良问题发生的现象有所不同，但发生原因可能有相同之处，因此通过改善某些特定功能，相关的不良问题就都能得到改善。

因此，要精查、详查报告数量较多的不良问题出现的原因，通过锁定不良问题的原因，找出有效对策。

③设计变更的开票

确定了不良问题产生的原因后，要以设计变更指示（ECO: Engineering Change Order）这一形式对该问题开具设计变更指示书的单据。

设计变更指示是开具对设计部门的正式处理要求——设计变更联络单，在确定设计部门的相应负责人后，开始进行不良问题的应对处理讨论。

④设计变更内容的讨论

根据设计变更指示，负责人对设计内容的改善策略进行探讨。

⑤设计变更的批准

为探讨讨论得出的设计变更内容的合理性，需要召集相关各部门的负责人一起进行变更内容的评论。

在这一步骤中，不仅要进行功能方面及成本方面等变更内容的讨论，还要考虑供应的前置时间及库存状态、对生产工序

表4-5-1　设计变更联络单的样本

设计变更联络单

设计变更编号	制作部门	变更实施			变更内容		
		负责人	检验	批准	负责人	检验	批准

机构区分		变更区分			
00.包装　　02.包装　　04.包装　　06.包装		产品新设	增加人员数	追加发货	新设
01.操作　　03.驱动　　05.电源　　07.电子零部件		产品废止	减少人员数	消除发货	废止

旧零部件编号	新零部件编号	品名

变更内容	机种编码：
	发货编码：
	人员数量

变更理由

关联变更零部件		安全基准	海外生产	发现问题地点
零部件编号	设计变更编号	Y　　　N	Y　　　N	
- - - - -	- - - - -	质量基准	环境基准	市场方面的问题
- - - - -	- - - - -	Y　　　N	Y　　　N	

关联零部件变更时的指示			
□同时变更　　□先行着手　　□过后变更	干涉检查 安全性确认 公差设计	强度检查 服务型的检查 序列图检查	失败事例的确认

的影响等，讨论设计变更的实施日期。如果变更内容比较合理和妥当，则对设计变更予以批准。

⑥设计变更的实施

以设计变更的实施日期为关键词、具有变更历史记录的设计图及零部件表能够作为新版本的产品信息加以参照。

在生产制造现场，为了考虑库存及工序的负荷，将设计变更内容反映在生产计划中，会实施制造指示变更（OCM：Order Change Management），实施制造计划的变更。

◆因企业而异的制造工序

制造业中的产品生产形态并不是完全一致的。具体形态可举出如下几个例子。

●像船及飞机这种，应顾客要求进行设计生产的个别订制生产的类型。
●像汽车及家电产品这种，量产型组装生产的类型。
●像铁及化学产品这种，重复生产的类型。

图4-5-1　各式各样的生产形态

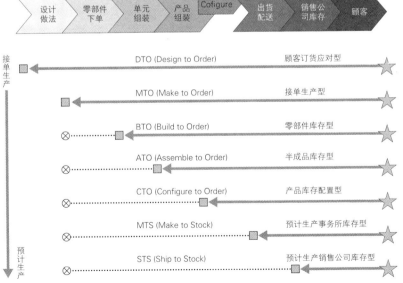

　　这些生产形态根据接受订单的时机和开始生产的时机不同，可分为几个种类。

　　另外，不仅生产形态会有所不同，就连加工构件、将零部件作为产品进行组装的步骤（工序）也会因企业及产品的不同而具有各种各样的形式。

　　这些工序的代表性类型如图 4-5-2 所示，看到这些工序的类型后会发现，这与零部件表的类型非常相似。

　　在产品的设计开发阶段就登记录入的零部件表，在生产计划阶段"组装设计的产品所必需的零部件清单"等的含义更为强烈，而直到

图4-5-2　具有代表性的工序类型

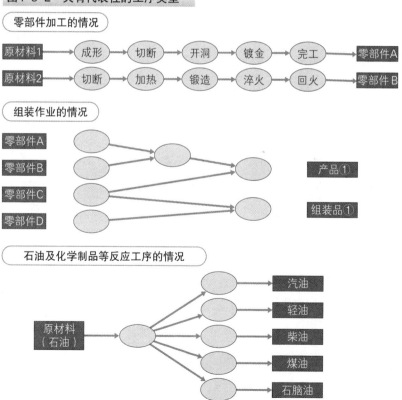

开展工序设计之际才加进生产要素，成为正式的生产制造物品的零部件表（生产零部件表）。

像这种计划如何制造产品的作业称为"工序设计"。

工序设计的定义因企业不同而有所差异，有的企业将"设计生产产品的步骤的业务"称为工序设计，有的企业则将"设计各个工序花费多少作业时间、设定能计算出生产成本的工作量的作业"称为工序设计。

本书将工序设计定义为"设计生产产品的步骤，在考虑质量及成本、加工及组装的顺序的前提下设计生产线"。

将设计零部件表及生产零部件表在 PLM 系统中进行一元化管理时，把工序计划好，在设计零部件表中附加上工序信息，理解构建生产零部件表的步骤，这些举动在设计 PLM 中的设计零部件表和生产零部件表的顺畅合作方面是非常重要的。

建立工序计划方案的步骤如下所示：

①组装步骤的分解（工序展开）

使用设计部门制作的设计零部件表，将产品分解成一个一个的单元及零部件，讨论加工方针及组装顺序。

此时，要设想工厂的生产线及设备，或是思考订货及库存的单位、是内部制造还是外包加工、将组装步骤分解到何种单位才能实现最有效的生产，与此同时，确定组装单位和加工单位。

②加工方法（工法）的讨论

讨论已分解成为零部件单位的各道工序的加工方法。思考设计图上所绘的形状及材质、精度等产品特性信息，确定加工方法。

　　工法确定之后，就能够确定使用的设备及是由内部还是外部制作，因此要将工序顺序定义为一个流程，定义出产品组装流程。

③工序的定义和单位的确定

　　定义了各个工序之后，要考虑作业效率，思考是将若干工序"汇总为一"还是"分割开来"，讨论哪种方式能更为有效地进行生产制造。

　　※ 是分割工序还是统一工序的主要判断基准：
　　●作业及技术的难易度
　　●人员、设备、库存的管理方针
　　●地点及时间的距离
　　●组织

④工序路径和布局的确定

　　定义了工序之后，要在想象推进工序的零部件的同时，定义工序路径。工序路径不仅是零部件的加工步骤，还是考虑到检查及等待时间等，为使组装时间、质量、成本达到最高效而进行的计划。

　　另外，此时设备的布局也会被一并讨论及定义。

⑤工序表和作业标准书的制作

　　工序路径和各工序的作业单位确定了之后，要总结归纳生产制造所必需的人员、零部件、原材料、设备、夹具工具、参考设计图等信息，制作出汇总了这些信息的工序表，明确作业内容。

另外，还要将各个工序应遵守的作业时间及生产量、检查事项作为"作业标准书"进行文档化，制作作业者手册。

表4-5-2 工序表的例子

工序表								制作	批准	发行
产品编号		品名			发行	月 日				
工序编号	工序名	标准时间	管理重点			管理方法				
			管理项目	质量特性	负责人	时期	地点	试验项目	试验方法	
10	切断		切断面直角度 切断面粒度							
20	切削加工		生产线管理基准							
30	平面研磨加工		齿槽偏转 横断面的倾斜							
40	划线		防止划痕、碎裂、缺损							
50	部分切削加工		重量管理 横断面的倾斜							
60	热处理		炉内温度分布 热处理后的硬度							

⑥工序间的平衡调整

要想组装最终产品，必须使各个工序相互配合，形成生产线。

将若干工序组合在一起，形成一个生产线后，生产工序能力最低的工序会成为瓶颈，决定整个生产线的生产能力。在思考瓶颈工序的改善及对策的同时，要对工序间的平衡进行调整，以期达到最有效的生产线平衡。

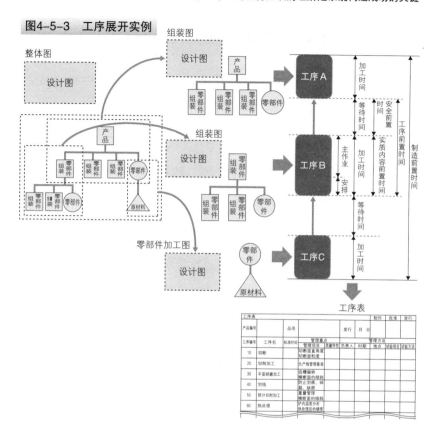

图4-5-3　工序展开实例

◆把握顺利进行量产的关键——生产技术设计

　　生产技术部门的工作是确立生产制造的必要技术。以设计部门设计出的产品形状及做法为基础生产工业产品时，确立满足以下生产条件的方法及技术，讨论所使用的设备，这就是生产技术部门的工作。

- ● "质量方面"能否按要求制作出令顾客满意的产品的性能及质量。
- ● "成本方面"是否符合核算出的生产成本等。

> ● "生产效率方面"是否满足实现生产目标数量所必需的生产制造 Takt Time（节拍时间）[1]。

要想在 PLM 系统中实现并行工程，必须掌握生产技术部门所需要的信息。下面，就对生产技术设计的典型例子——金属模具的设计作业流程进行介绍。

1. 金属模具的基础知识

所谓金属模具，是在将用金属、塑料、玻璃、橡胶等原材料制作的工业产品以相同形状打造成型后进行量产时所使用的工具。

使用金属模具，是为了能在短时间内制造出高精度、均一化的产品，使大量生产成为可能，使加工费用的削减和生产自动化的实现变得更加容易。

但是，金属模具的精度会左右产品质量，因此，制造金属模具必须具备很高的知识技能，也会花费一定的时间和成本。

隶属于产品开发工序的金属模具设计工序，夹在设计开发的日常设计时间的拖延和量产开始日期的日程中间两头受压，日程的限制非常严峻，这是其处境的真实写照。

金属模具分为"冲压模具（Die）"和"注塑模具（Mould）"。冲压模具是将金属等原材料进行冲压，按模型进行开洞、弯折等加工的金属模具。另外，还有一种锻造型模具，是通过加热或加压使原材料一次成型。

此外，冲压模具还可用于金属以外的皮革及橡胶、纸张及布料等的裁切。

---

① 注：生产一个产品及零部件所需要的时间，节拍时间。

178

注塑模具分为塑料专用的"射出成型模具"及"压缩成型模具"、用于铝和镁等熔点较低的金属的"压铸模具"、使玻璃及橡胶成型的模具、使金属粉末成型的"粉末成型模具"及"MIM（金属射出成型模具）"等金属模具。

2. 金属模具的制作工序

多数情况下，金属模具都是根据要用金属模具制作的产品（零部件）以接单生产的形式进行个别制作的。因此，既不用提前持有库存，而且制造相同产品的模具也会因企业不同而导致使用模具的加工方法有所不同，所以，除了少数例外，一般不会出现制作若干相同金属模具的情况。

但是，由于没有金属模具就无法制造产品，因此，金属模具的设计、制作的交货期极短。

另外，在金属模具的制作委托中，既有很多过去没遇到过的要求事项，又有很多是在没有经过充分验证的状态下投入制作的，因此，金属模具制作必须具备经验和熟练性。

● 制作指示

有了需要生产的产品，才会产生金属模具的制作指示。但是，如果产品设计没有完成，就无法着手进行金属模具的设计。

因此，金属模具制作前的信息收集，在实现高效金属模具制作上非常重要。在正式接到金属模具制作指示之前，最重要的是要先掌握使用金属模具生产的工序的具体需求。

金属模具的运用由冲压及成型的"机器"和投入原材料取出产品的"周边机器""原材料""人员"这 4 个要素构成。在考虑到这 4 个要素的基础上，收集以下信息，即可将金属模具的必要条件具体化。

●只需使用金属模具使产品成型吗?

●为使生产顺畅进行，是否有必要思考与周边机器的联动?

●冲压加工方法要使用在何种机器上?

●安全性的要求程度如何?

●制作方法的确定

正式的金属模具制作指示下达后，就要开始研究具体内容了。明确要求的产品精度、生产数量、成型机器的能力、包括周边机器在内的机械自动化程度、预算、交货期，确定金属模具的种类及构造、材质等的制作方法。

金属模具的制作必须要有顾客的认可，因此，金属模具的制作说明书要简单易懂、且正确无误地记述内容，避免由于与顾客之间的联络错误及信息不充分而导致变更返工。

●金属模具设计

顾客接受并确认了产品的设计图、金属模具的做法、加工与组装方法及安装金属模具的机器的做法等信息后，就可以开始进行金属模具的设计了。

金属模具设计开始后产品设计也会进一步开展，因此，必须要具备在快速接受产品设计的变更信息的同时，还能令金属模具设计者准确无误地检索到最新产品设计信息、推进金属模具设计的体系架构。

在三维 CAD 的导入不断发展的今天，要想办法将收到的三维 CAD 数据附加到公司自身的 CAD 及 CAM 中，在金属模具制作前把用 CAE 解析出的数字数据尽可能地活用，实现金属模具设计时长的短期化。

●原材料、零部件的筹备

在要求较短交货期的金属模具设计中，原材料及零部件的筹备也必须要更具有效率。要求具备在设计的较早阶段就能够共享原材料的材质及尺寸、数量、交货期、零部件的功能及式样等信息的体系架构。

●加工

说到加工方法，有使用多工序自动数学控制机床（加工中心）的"削切加工"、使用成型研削盘的"研削加工""铸型放电加工""电线放电加工"以及细孔放电加工等的"放电加工"等加工方法，企业一般会使用这些方法来制作实际模具。

有时，为了缩短加工交货期，会将部分加工委托给公司外部，或是使用事先准备好的半加工品，以此来缩短交货期。

●最后工序·组装

做完机械加工后的模具还要进行最终处理打磨、切飞边去毛刺、倒棱、避空 ①、紧配部分的调整等工序。

●试用和评价

将组装好的金属模具加在冲压机上，测试使用实际原材料形状及尺寸等的产品质量，改善碎屑的提出及渣滓的浮现等生产不良问题，评价金属模具的性能。

---

① 译者注：日语为逃し加工，塑胶模具术语。避空就是让位。塑胶模具中两个部件只要不需紧配就应采取避空，以减少部件间磨损的机会，减少钳工配模的难度。另外，斜导柱孔的避空可以起到延迟的作用。

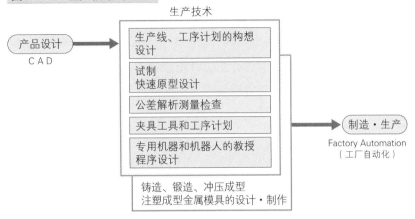

图4-5-4　生产技术的工序

◆应对全球环境法律法规的业务知识

　　我们在第107页也曾加以说明，在全球环境对策日益重要的今天，产品设计要考虑到资源稀缺、能源稀缺及可循环性等诸多方面的问题。

图4-5-5　WEEE指令和RoHS指令的条款关系

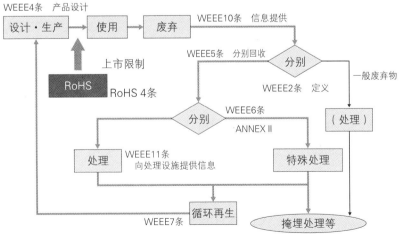

根据WEEE&RoHS指令概说（松浦彻也）制作

以 EU（欧盟）及中国为代表，各国都制定了法律法规，不符合相关法律法规标准的产品无法进行售卖。

产品给环境造成的负担在产品设计之时就已经基本确定了。因此，在 PLM 构建中，要求在理解这些法令的同时，建立回收再利用及有效管理化学物质相关信息的体系构造。

在本书中，加进了环境亲和型设计以及生产相关的法律法规的介绍，还介绍了有关环保供应的解决方案。

1.WEEE 指令

WEEE 指令的目的在于减少电器、电子设备及家电产品的废弃物的处理，追求再利用及回收循环、再生。

简单来讲，就是产品如果含有水银或铅等能引起人体及生态系统异常的有害物质，当这些产品通过烧毁及掩埋的手段进行废弃处理后，还会通过家畜及鱼类、蔬菜等食物最终对人体造成影响。因此，制造该产品的厂商会受到法律法规的制约，规定其具有回收的义务。

设计产品后，与生产·销售·回收相关的生命周期涉及的主要法律条文的主旨如下。

●产品设计（第 4 条）

· 零部件及原材料的去除、解体和再生，特别是使再利用和回收循环变得容易的设计和生产的推进。

●分别回收（第 5 条）

· 一般家庭丢弃的废旧家电电器的分别回收。

· 最终所有者及流通业者能够无偿返还对象产品的体系的构建。

· 在流通行业，新产品销售时的旧产品的无偿回收。

· 一般家庭中，分别回收目标数值的设定（截至 2007 年平均每

人 4kg）。

●**处理（第 6 条）**

· 制造者及第三方个别 / 共同使用最佳技术对废旧电器和电子设
  备的处理、再生、回收循环的处理系统的构建。

· 所有液体的除去和 Annex II 所记载的分离处理的实施。

●**再生（第 7 条）**

· 由制造者及第三方使用最佳技术个别 / 共同构建再生系统。

· 以机器全体的再利用为优先考虑。

· 每台机器的平均重量再生率设置为 70%~80%。

· 各机器的零部件、原材料等的平均重量再利用率设定为
  50%~75%。

WEEE 指令的特征是，"以避免电子、电器设备成为废弃物为最
优先目的"，与规定废弃物处理的日本家电回收法在规定的视角上有
所不同。

2. 设计基准指令（EuP：Directive on Eco-Design of Energy-using Products）

与 WEEE 指令第 4 条相关，确定对除输送机器以外的使用能源的
产品进行生态化设计（Eco-Design）的要求事项范围的指令。

使用能源的产品具有"①为实现功能而依存于电器、化石燃料等
能源的产品"和"②生产、移动、测定能源的产品"这两种定义。

而且，这些产品被要求粘贴宣告满足设计要求的 CE 标志并做出
相应承诺。

在 EuP 中，要求在整个产品生命周期，都用 Annex[①] 进行与环境相关的 Ecological Profile 的制作，内容包括：

- ·原材料、能源、水、其他资源的预计消费
- ·向空气、水、土壤中进行排放的预计排放量
- ·由噪音、振动、放射线、电磁场等物理影响引起的预计污染
- ·废弃材料的预计排放
- ·从环境方面进行改善的参量（重量、容量等）

3.RoHS 指令

WEEE 指令是"在顾及环境的基础上推进回收循环"的指令，而在资源的回收再利用的前提下，规定"不排放有害物质"的指令是 RoHS 指令。

RoHS 指令中规定了 6 种有害物质，禁止电器、电子设备中含有特定有害物质，并且规定了在一定基准内必须符合的条件。

这 6 种有害物质分别是：铅、水银、镉、六价铬、PBB（聚溴联苯）、PBDE（聚溴二苯醚）。

含有这 6 种有害物质的产品不允许在 EU 内销售，必须使用这 6 种物质的替代原材料进行产品设计、生产。

由于特定有害物质的去除仅靠成品生产厂商的努力是无法做到的，因此，向成品生产厂商进货的零部件生产厂商及原材料生产厂商等也必须加入其中，建立一个从生产制造的上游到下游一气贯通的架构。

---

① 注 : 法律法规的附则。

4.REACH 法规

REACH[①] 法规（欧洲化学物质法规），在使用、生产化学物质之际，为将其对人体的影响控制在最小限度，会对欧洲范围内销售的所有化学物质赋予安全性评估的义务，并要求登记录入信息。而且，产品用到的零部件及原材料、配方等之中含有的物质等也必须要进行登记录入。

这项法规将市面上出现的超过 10 万种化学物质的安全性评估从企业直接登记录入到欧洲化学品机构，确立了将无法显示安全性数据的化学物质从欧洲范围内剔除这一预防原则，将以往公共机构实施的对安全性的认证责任转交给企业，由企业来全面背负生产者责任。

每年制造、进口 1 吨以上物质的企业，具有登记录入的义务。

5. 环保供应

正如我们在 REACH 法规中讲过的一样，仅靠成品生产厂商的努力是无法实现对 WEEE 指令、RoHS 指令以及 REACH 法规的应对的。因此，对进行交易的零部件厂商及原材料生产厂商，追加了新的生态化注意事项作为供应基准，该基准就是环保供应。

环保供应的基准不是由国家规定的，而是各个生产厂商单独规定的基准，因此，各个厂商规定的内容都有所不同。话虽如此，一般情况下均以国际环境基准——ISO14001 等为依据。

环保供应基准各个生产厂商均有所不同，因此，供应零部件的企业必须要根据客户情况制定供应基准，增加了很多时间和劳力，业务效率也不断恶化。

---

① 译者注：Registration，Evaluation，Authorization and Restriction of Chemicals

为此，日本以国内知名企业为主体，设立了 JGPSSI（Japan Green Procurement Survey Standardization Initiative，日本环保产品优先购入调查共同化协议会）及 JAMP（Joint Article Management Promotion-consortium，物品管理推进协议会）等团体。

JGPSSI 及 JAMP 制定了与化学物质的调查及提示相关的业界共同指导方针，致力于与化学物质相关的高效信息流通的体系构建。

环保供应的基准主要是从以下几个观点来制定指导方针的：

●是否使用了可以回收的原材料？

●是否尽可能地限制了原材料的量及种类？

●是否使用了有害化学物质？

●该设计是否可以回收（再生）、再利用（再使用）？

●耐用年限长吗？

●包装材料少吗？可以再生、再利用吗？

●制造、运输、使用时的能量消耗量少吗（节省能源吗）？

●废弃处理时的负担少吗？

4-6 与量产后相关的PLM关联业务

◆生产管理的工作和生产计划的流程

产品设计结束后，终于可以进入正式的生产制造了。生产制造要求一边保持质量，一边控制价格。对生产厂商而言，负责这些业务的部门是生产管理部门。

生产管理部门的工作范围广泛，在负责接受顾客的订单并为保证按期交货而建立生产计划的同时，还要负责从工厂生产过程中的作业程度，

图4-6-1 生产管理的工作

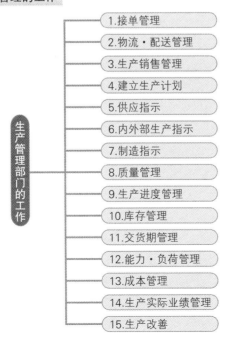

生产管理部门的工作

1. 接单管理
2. 物流·配送管理
3. 生产销售管理
4. 建立生产计划
5. 供应指示
6. 内外部生产指示
7. 制造指示
8. 质量管理
9. 生产进度管理
10. 库存管理
11. 交货期管理
12. 能力·负荷管理
13. 成本管理
14. 生产实际业绩管理
15. 生产改善

到配送交货的物流管理，对生产制造出产品直至将其送至顾客手中的生产过程进行指示和统管。

通过顺利实施生产管理的操作，能够将公司自身的产品及时送到顾客手中，顺畅地开展"制造商品、销售并盈利"这一企业活动。

必须要理解生产管理工作的原因之一是，了解在 PLM 中管理的生产零部件表（MBOM）是如何被使用的，是设计出设计零部件表和生产零部件表之间的信息顺畅合作的必要条件。

这一生产零部件表用于建立生产计划之时，因此，对建立生产计划的逻辑——MRP 有所了解，是理解生产零部件表的最佳捷径。

图4-6-2　生产管理系统概要

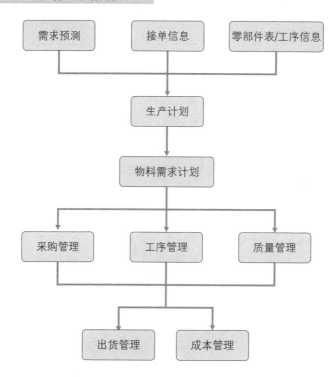

用如下页图 4-6-3 所示两种产品，对产品 A 和产品 B 的 MRP 的步骤进行说明。

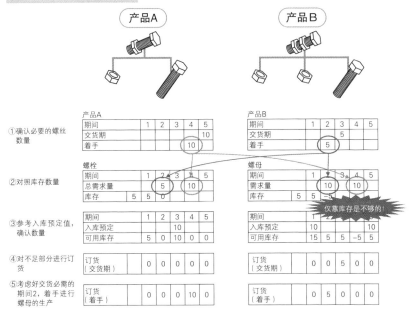

图4-6-3 MRP步骤

在该条件下，螺丝的必要数量（所需量计划）的计算流程可进行如下解说：

① 计算出能保证产品A和产品B按交货期进行生产制造的必需螺丝数量（总需求量）。

② 为了集齐必要数量，确认剩余库存数量。

③ 总结整理出应在何时、交纳出多少数量的计划。

④ 即使进货预定和库存充足，也必须对不足部分进行订货，因此要计算订货数量（实际筹备数量）。

⑤ 交货期要明确"截至何时必须生产制造出多少个"，为按时交货思考必要的制作时间，计划着手开始生产的日期。

经过这一过程，螺丝生产的必要所需量得以展开。这一系列流程按顺序从产品 A 位置靠上的品目开始，到位于下方的品目为止依次进行，只有所有品目的计划展开结束后，MRP 的计算才宣告完成。

为保证成品按期交货，要配合最终成品的交货期，从位于上方的品目开始到位于下方的品目为止依次展开，但产品的生产工序大多数情况下都分为若干道工序，各个工序的数量也都有所不同，因此生产的零部件完成时间也存在一定差异。

因此，为了根据各个工序的进展调整库存及供应品目的交货期，零部件表中记载的品目也以配合组装时间的形式进行了分层化处理，构建成生产零部件表。

此时，即使是由若干零部件构成的组装零部件（子组件）也会出现由于供应关系导致从外部供应的半成品仅能作为一个品目被管理，或是生产工序过程中暂时出现的零部件作为半成品（幽灵品目）反映在生产零部件表中的情况，因此即使在相同零部件表中，设计零部件表和产品设计表在形式上也会有所不同。

使用具有这一特征的生产零部件表来进行所需量的展开。

设计部门制作的设计零部件表为了实现产品功能，会将必要品目全部挑选出来并记录在表中，因此，该表能够体现出需要多少个、具备什么功能的零部件。

与此相对，生产零部件表则以配合生产工序的形式追加补充品目，调整零部件的层级，把握零部件供应信息。

如此，虽然是相同产品的零部件表，但生产零部件表中加入了生产管理部门的计划要素。

特别是将设计变更的内容向生产方传达时，在生产方，不仅要考虑到库存量及供应的前置时间，在此基础上调整变更预定日期，还必须要考虑生产工序主数据及生产零部件表的变更，设计出能使信息相互协作的方案。

没有充分理解生产零部件表的特性就设计系统的话，会导致部门间的联络错误、记录遗漏和数据的登记录入错误等，不断发生无法正确传递设计变更信息的情况，从而无法建立正确的生产计划。

像 PLM 一样贯穿整个产品生命周期并对零部件表进行一元化管理时，为了能从设计零部件表到生产零部件表，简单轻松地传递设计变更信息，必须要在注意构建简洁的零部件表的同时，讨论将零部件表的维护保养纳入生产管理业务中加以运用的业务流程设计。

◆规定质量要求，管理产品品质

在 JIS Z 8101 质量管理用语中，对质量管理做了以下规定：

> 所谓质量管理，是将符合买方质量要求的商品或服务节省、经济地制作出来的手段体系。质量管理，简称 QC。另外，由于近代的质量管理采用了统计学的手段，因此出现了一个统计质量管理（Statistical Quality Control：SQC）。
>
> 为了有效实施质量管理，必须贯穿市场调查、研究·开发·产品企划、设计生产准备、采购·外包、制造、检查、销售·售后服务以及财务、人事、教育等企业活动的整个阶段，以经营者为主导，由管理者、监督者、作业者等企业全员参加和协作。
>
> 像这样实施的质量管理被称为公司全面质量管理（Company-Wide Quality Control：CWQC）或综合质量管理（Total Quality Control：TQC）。

正如上述规定所说，对于制造产品并进行销售的企业来说，实现顾客及市场要求的质量，经济、节省地生产产品并提供给市场，是企业最重要的活动。

另外，为了使产品质量符合顾客及市场需求，必须时刻进行维护和改善。在产品的整个生命周期中，一个产品所要求的质量可分为以下几个视角：

1. 企划质量

所谓企划质量，是指"在产品企划·商品企划阶段定义、企划市场要求的质量水平的产品制作方法"的质量。

此时使用的是质量功能展开（Quality FunctionDeployment：QFD）这一手法。所谓 QFD，是指将顾客心声与产品及服务的开发联系起来的手法，表格的横行中，是将通过调查问卷及投诉等收集到的、市场需求的、应事先达成的产品质量作为"需求质量"加以定义。

表格竖列则是功能，将应实现的技术特性作为"质量要素"进行定义，在二维表格中对产品的设计质量进行定义。

这种把该二维矩阵从设计质量到功能零部件的质量、各个零部件的信赖性及工序水平全部展开，定义出应达到的质量的手法，即 QFD。

2. 设计质量

所谓设计质量，是指在考虑到产品设计时的技术必要条件、成本必要条件、销售必要条件的平衡的基础上，定义设计图及制作说明书的"应达到质量（目标质量）"。

为实现这一质量要求，会用三维 CAD 数据进行干涉检查，或用 CAE 实施模拟操作，或在设计阶段查找出不良问题，事先消除生产时及使用时的不良要素。

另外，还要利用试验计划法（田口方法），改变若干个生产时的条件，比较质量的偏差，定义出容许范围内的最大偏差值，将生产制造的"效率"和"质量"的平衡定义为最佳条件。

3. 制造质量

所谓制造质量，是指实际制造出来的产品的质量。与设计质量是计划的质量相反，制造质量是在考虑到生产效率的基础上定义出来的质量。

在生产现场，为保持制造质量要确定标准作业步骤，为保证无论由谁制造都能具备相同质量要对作业工序实行标准化管理。按照这一标准作业步骤进行制造所达到的质量水平就是制造质量。

为保持制造质量，在制造现场会实施一系列活动，如作业标准及QC 工序表、工序能力图等使用 QC 活动工具的活动，或是通过防呆设计及检查清单的活用、失误预防活动[①] 来消灭粗心失误的发生。

4. 使用质量

所谓使用质量，是指顾客拿到产品开始使用时的质量。有时候，顾客会在使用时超出生产厂商方面规定的使用条件，在生产厂商方面没有预想到的使用条件下进行使用。

此时，如果不能充分发挥出产品的功能，就会产生顾客投诉或是陷入滞销境地。

为此，生产厂商必须通过正确把握顾客的使用情况，对产品的质量加以改善，持续不断地向顾客提供更好的产品。生产商必须通过将产品交到顾客手中之后的售后服务活动，缩短顾客与生产商之间的距离，为将来的新产品企划做好准备。

在构建 PLM 时，有望使这种贯穿产品整个生命周期的质量信息，超越部门的阻隔，实现信息流通。另外，为了迅速处理顾客投诉，必须在 PLM 系统中构建能轻松对产品实施跟踪的体系架构。

---

① 注：共享平时的"失误"和"禁令"，预防事故发生的活动。

图4-6-4　质量管理的体系

◆销售中的对象管理的实现

去国外旅行时，你是否有过由于插座的插口形状不同而感到苦恼的经历呢？插座的形状不同则电压也会有所不同，所以，从日本随身带去的家电产品常常无法使用。

如此，即使海外销售的产品与面向国内的产品的基本功能相同，也要对产品进行设计，使一部分零部件具有一定的变化，这样就能够应对海外销售了。

接单生产型的产品，基本功能及关键装置等使用相同的东西，仅通过改变周边装置等，也能做出满足顾客需求的产品，减少新开发项目的范围，实现开发期的缩短和成本的削减。

此外，这种按不同顾客确立对象进行销售的产品构成信息，是进行售后的保养作业及售后服务时的重要信息，在提高顾客满意度方面，必须要对"将哪个顾客建立成何种对象进行销售"进行管理。

为了满足这种需求，还必须要思考如何在 PLM 系统中实现包含对象的产品构成管理的体系架构。

要想管理对象，在将作为基础的基本功能及关键装置的产品构

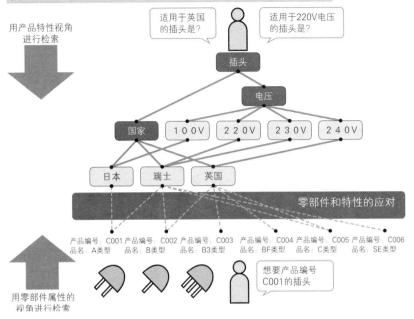

图4-6-5　可应对零部件和产品特性的灵活对象检索

用产品特性视角
进行检索

适用于英国
的插头是？

适用于220V电压
的插头是？

插头

电压

国家　100V　220V　230V　240V

日本　瑞士　英国

零部件和特性的应对

产品编号：C001　产品编号：C002　产品编号：C003　产品编号：C004　产品编号：C005　产品编号：C006
品名：A类型　　品名：B类型　　品名：B3类型　　品名：BF类型　　品名：C类型　　品名：SE类型

想要产品编号
C001的插头

用零部件属性的
视角进行检索

成作为样板进行管理的同时，还要在登记录入对象的零部件时，将
对象零部件的使用条件也一起加以规定，构建可以选择满足海外发
货地及顾客需求的功能体系架构。

　　这种变化管理一般有两种形态：一种是"针对主要的基本功能，
规定若干个发货方功能的树型类型"；另一种是"基本功能自身具
备等级，各个对象的组合方式有所不同的矩阵形类型"。

　　规定对象条件时，还要注意以下几点：

1. 零部件的标准化和共通化的实现

　　所谓标准化，是指"通过确定好使用的零部件，或确定作业步骤，
达到无论谁都能够取得一定成果的目的"。

　　而共通化是指，"吸收固有物品的差异，总结归纳成一个统一物
品并提供给使用者"。

推进产品及零部件的标准化，是将规格及作业流程、标准零部件的形状及尺寸、功能及性能等的做法标准化，以促进零部件的共通化。通过标准化能够整理、准备出可以实现业务效率提高及成本削减的程序及规则。而使零部件具备不同产品及组件之间可使用的做法及功能，也可称为标准化。

2. 将对象的选择条件定为"依据功能及特性筛选"

以插座为例进行说明，在选择对象时，通常会依据旅行目的国及住宿酒店等条件来判断插座形状是否符合需求。正如旅行者一下子无法依据电压或型号等找到合适插座一样，必须想办法让使用者不通过规格做法，而是以自己的理解为前提，从产品特性及功能的视角进行选择。

3. 也要考虑到对象之间的关联

在讨论对象的选择时，不能仅选择一个对象，还必须要考虑到与选择的这一个对象相关的、受影响的功能对象等，定义出对象之间的关联性。

即使一个新的对象已被登记录入，从零开始查找也很困难。但是，如果系统能够自动从已知的对象中提取出相关对象产品，就实现了更容易找到新对象的效果。

4. 选择条件的设定很简单

要时刻考虑通过产品版本的升级或滞销对象的淘汰等形式来替换目前采用的对象零部件等。

此时进行的对象选择条件的设定变更，通常都会变成费时费力的作业，因此，必须事先准备好能够轻松变更对象选择条件的设定的体系架构。

5. 提示推荐类型

在进行对象选择的同时，以使用历史记录为基础，配备畅销对象组合的提示，或是不选择无用对象的推荐形式的提示等功能，这在推进零部件的标准化、提高业务效率方面可以说是非常有效的方式。

可以预见，这种对象管理具有实现标准化的促进、将使用者的隐性知识（暗默知）转化成显性知识（形式知）等效果。

通过将知识技能转变成显性知识，或是消除制作方法的遗漏及疏忽，或在已知的对象中更轻松地发现新对象等，可以提高对象使用的效率，从而对业务效率的提高做出巨大贡献。

◆再次受到关注的产品生命周期成本

全生命周期成本（LCC[①]）最开始受到关注是在 20 世纪 50 年代的美国。

据当时的调查，对于购入后的产品保养所需费用，在 5 年之内会达到该产品购买费用的 10 倍以上。而在当时的美国国防部的核算中，也相继出现了预算的 25% 会用于保养费用等调查报告。

因此，对产品将要花费的费用不能仅关注购买时的成本，还要包括保养·服务到产品废弃为止的所有总成本。由于人们对管理等财务视角的必要性有了更高的认识，对全生命周期成本的研究一时间进行得如火如荼。

特别是 1970 年之后，美国国防部在供应方针中提出，将"购买在取得·使用·保养方面，产品全生命周期成本最低的产品"作为供应指南，以此令更多企业意识到全生命周期成本这一问题。

---

① 译者注：Life Cycle Cost。

但是，当时大家所认为的生命周期的范围，是从产品购入时的初期费用到使用·保养·废弃为止的成本。而在计算机尚未获得发展的当时，收集正确的数据也是不现实的，包含设计及生产方面费用在内的全生命周期成本尚未得到重视。

其后，到了 20 世纪 90 年代，ERP 诞生，随着 1995 年之后 SCM 系统导入的盛行，能够收集生产成本及生产实际业绩信息等产品信息的大环境逐渐成熟。

到了 2000 年，扩充了以往的 PDM（Product Data Management）的概念的 PLM 也应运而生，随着这款能够实现产品整个生命周期的所有信息管理的系统的诞生，全生命周期成本再次受到关注。

以购买后的保养·服务为中心进行考虑的以往的全生命周期成本，叫作 LCC 或 Whole-life Cost、Total Cost of Ownership（TCO）等，是以取得成本和维护成本的折中调整最适化为中心进行思考的。

新的全生命周期成本中对其范围进行了重新定义，不仅包含以往的保养·服务成本，还包括从产品开发成本到市场营销、生产中的

图4-6-6　产品生命周期成本（PLCC）

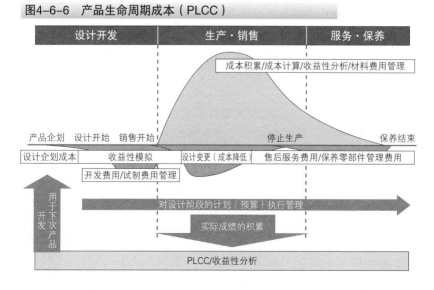

设备投资及生产成本为止的所有成本，因此，新的全生命周期成本被称为产品生命周期成本（PLCC）。

随着技术的发展，产品的市场投放时间（Time to Market）及产品开发期实现了急剧缩短。

产品的生命周期变短，使得产品销售期也变短了。因此，如果错估了销售期长短而继续生产的话，就会持有大量库存。

特别是在这一倾向明显的手机市场，销售量巨大，越生产越出现赤字的现象时有发生。错估市场撤退时机，会让持有大量库存的风险变大。

有了这一经历，企业在设计阶段就要进行成本改善，这一点毋庸置疑，而从经营战略的角度，时刻对产品整个生命周期的收支进行管理的需求也变得更加高涨和紧迫起来。

要想实现产品生命周期成本管理，就必须要导入能够把握"各个产品的成本"和"经营活动相关的收益和经费"的管理会计规则。

要想实现全生命周期成本管理，就必须要采用"边际利润管理"方法并使用"费用构造表"。

在管理会计中，将费用定义为费用随销售额变化的"变动费用（材料费用及运输费用）"和费用的发生与销售额无关的"固定费用（事务所费用及人工费用）"，并用"销售额 - 变动费用 - 固定费用 = 利润"这一公式计算利润。

此时，在销售额中仅减去变动费用的差值称为"边际利润"（销售额 - 变动费用 = 边际利润）。这个边际利润是设计部门花费的人工费用及生产中工厂的地皮费用及设备所花费的费用，可以理解成即使不进行产品的设计、开发也一定会发生的费用。

像这样，将即使不进行产品的设计·生产，也会作为经营活动发生的费用看作是固定费用，能够更加简单易懂地理解和把握随着销售数量的增加而增加（减少）的收益（费用）及生产数量，同时，能够简单地弄清生产相关的业务过程所花费的费用。

引入了边际利润管理的想法，并为了能够作为经营活动的判断基准进行使用而总结整理出的表格即"费用构造表"。

图4-6-7　使用费用构造表，使产品收益性"可视化"

分析用基干系统合计出的损益表及不同部门、不同产品的成本，在讨论产品线的战略后，即使退出生产赤字产品，赤字仍会扩大。

<略：损益计算表>

	A产品	B产品	C产品	合计
销售额	350	250	300	900
销售成本	305	253	322	880
销售总利润	45	−3	−22	20
销售管理费	20	12	15	47
营业利润	25	−15	−37	−27

对赤字产品B和C停止生产后……

	A产品	B产品	C产品	合计
销售额	350			350
销售成本	305			305
（内 固定费用）	（15）	（20）	（18）	（53）
销售总利润	45	−20	−18	7
销售管理费	20	12	15	47
营业利润	25	−32	−33	−40

虽然赤字产品停止了生产，但赤字却扩大了
※答案参照图4-6-8

在费用构造表中，在变动费用的部分中定义以销售额、材料费用、零部件表为基础的产品成本及变动经费。

固定费用的部分则尽可能地不进行分摊，定义为支持经营活动的与业务过程相关的固定费用。

变动费用部分反映了经营活动的结果，因为能够简单地读取由于销售额的变动及促销费用的增加等导致的收益性的变动，所以可以灵活运用于销售渠道分析等。

另外，在固定费用的部分中，直接累计了经营活动花费的经费，因此无论是否有产品制造，只要有人员及工厂厂房就会发生费用。固定费用较多就说明组织等事业构造规模较大，所以可以作为组织的精简化等判断基准加以利用。

由此可见，使用费用构造表，能够客观地对事业单位的业务效率化及组织的精简化进行分析。

在费用构造表中，将纵轴定义为"变动费用和固定费用"，横轴定义为"产品及顾客、应管理的事业区域"，这样就能够以"产品"单位、"顾客"单位、"周·月"单位、"国家·区域"单位对企业的经营活动动向加以把握了。

费用构造表虽然是以年度为单位对经营活动动向进行管理的，但费用构造表只有经过了多年汇集后，才能够看清楚产品生命周期成本。以产品生命周期的视角、经过了数年积累汇总出来的费用构造表能够作为 PLCC 分析报告输出出来。

图4-6-8 为什么停止制造赤字产品后,赤字扩大了呢?

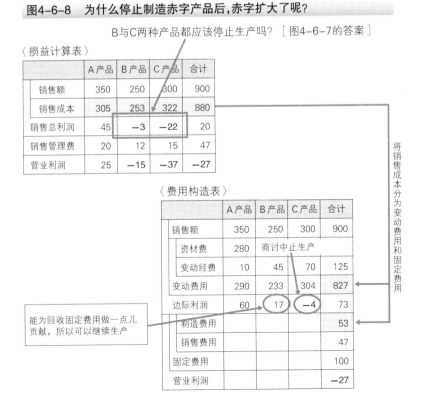

B与C两种产品都应该停止生产吗？ ［图4-6-7的答案］

〈损益计算表〉

	A产品	B产品	C产品	合计
销售额	350	250	300	900
销售成本	305	253	322	880
销售总利润	45	−3	−22	20
销售管理费	20	12	15	47
营业利润	25	−15	−37	−27

将销售成本分为变动费用和固定费用

〈费用构造表〉

	A产品	B产品	C产品	合计
销售额	350	250	300	900
资材费	280	商讨中止生产		
变动经费	10	45	70	125
变动费用	290	233	304	827
边际利润	60	17	−4	73
制造费用				53
销售费用				47
固定费用				100
营业利润				−27

能为回收固定费用做一点儿贡献，所以可以继续生产

202

第5章

提高生产制造竞争力的PLM系统构建类型

5-1 以PDM为中心的PLM构建步骤

◆ PLM 系统的构建方法分为 10 个单元

在本章中，将围绕 PLM 的具体构建方法进行说明。PLM 正如前文讲述的一样，由作用各异的多种功能构成。为了能够应对各个公司不同产品开发的思考方式，实现 PLM 系统的软件也为使用者提供了多种多样的形式。

PLM 的种类不同，其构建方法也会有所变化，在本章中，主要介绍以 PDM 为中心的 PLM 构建方法。

PLM 的构建步骤如图 5-1-1 所示，可大致分为 10 个单元。本章将从这 10 个单元里，选出 PLM 系统构建中特殊化的单元 1 至单元 5，对其推进方法加以介绍。单元 6 至单元 10 则采用与一般的基干系统构建相同的步骤进行展开。

◆单元 1：PLM 构建的前提条件的整备

在单元 1 前提条件的整备中，要在进行 PLM 构建之前，把握导入系统的企业特性。

PLM 与产品开发过程紧密相关，因此必须依据导入企业的产品战略思考方法及方向性对 PLM 进行定位。

因此，在单元 1 的前提条件整备中，要从明确产品开发过程的应有姿态开始进行。

产品开发过程的应有姿态不仅仅是设计部门的课题，多数情况下，

图5-1-1　PLM系统构建的步骤

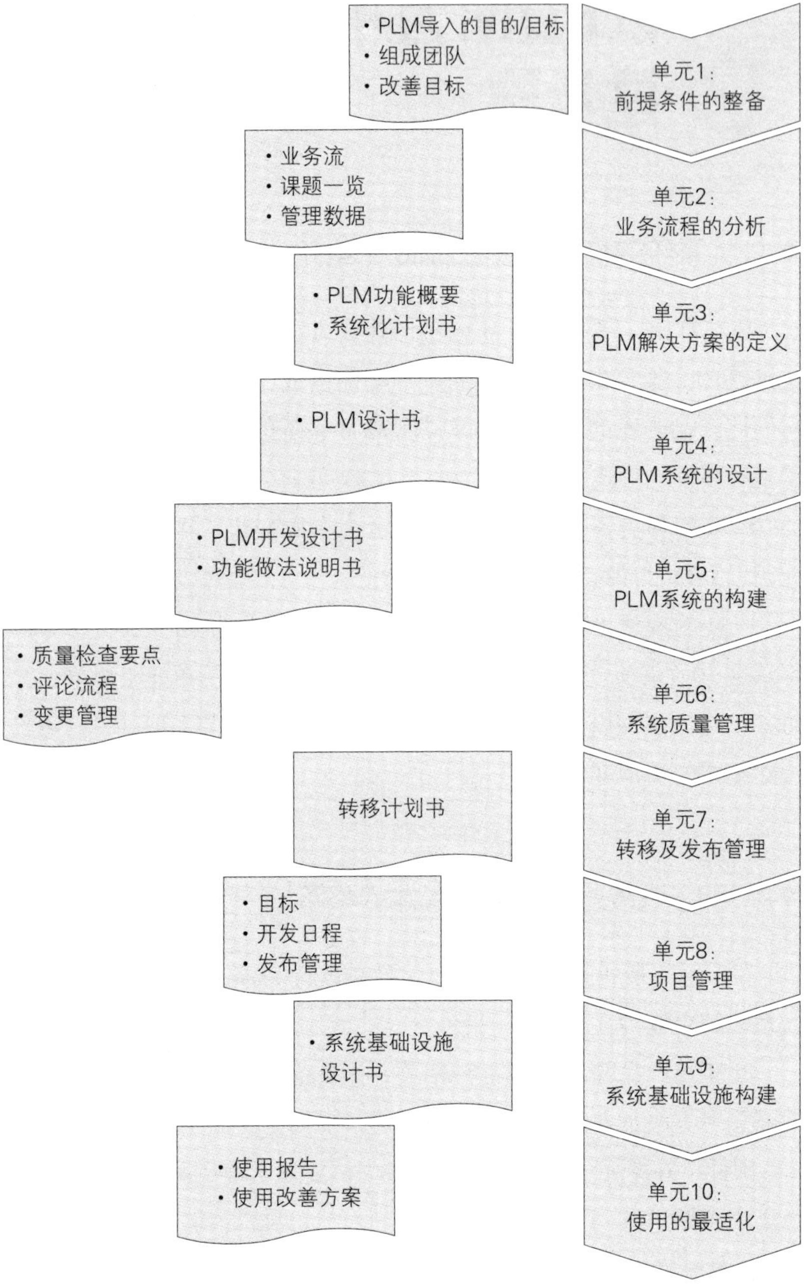

· PLM导入的目的/目标 · 组成团队 · 改善目标	单元1： 前提条件的整备
· 业务流 · 课题一览 · 管理数据	单元2： 业务流程的分析
· PLM功能概要 · 系统化计划书	单元3： PLM解决方案的定义
· PLM设计书	单元4： PLM系统的设计
· PLM开发设计书 · 功能做法说明书	单元5： PLM系统的构建
· 质量检查要点 · 评论流程 · 变更管理	单元6： 系统质量管理
转移计划书	单元7： 转移及发布管理
· 目标 · 开发日程 · 发布管理	单元8： 项目管理
· 系统基础设施 　设计书	单元9： 系统基础设施构建
· 使用报告 · 使用改善方案	单元10： 使用的最适化

还与企业方针紧密相关。要从企业在中期计划中的目标方向性出发，明确设计部门应担负的责任，确定作业的方向性。

此外，为了明确 PLM 构建项目的范围，要明确 PLM 系统处理的产品、零部件种类和设计业务相关部门，确定系统化范围。

●活动背景和目的的明确化

【内容】

　明确本次项目的方向性及想要达到的目标。

【输出结果】

· 系统化必要条件定义书

· 战略概要

· 商业目标

· 业务改善目标

· 系统化目标

●设计·开发作业的明确化

【内容】

　通过分别对不同对象产品类型设计／开发作业的开始·终止进行定义，将一系列开发业务分割成一个个单独作业。

　此外，通过重新总结 PLM 系统管理下的产品特性，能够对之后的 PLM 系统设计有所帮助。

【输出结果】

· 产品类型概要书

· 对象产品区分定义书

· 作业定义表

●专业用语及通称·名称意义的明确化

【内容】

　明确对象业务所使用的通称及名称、PLM 系统中使用的用语，以便实现思想沟通的协调化。

【输出结果】

图5-1-2 单元1的成果

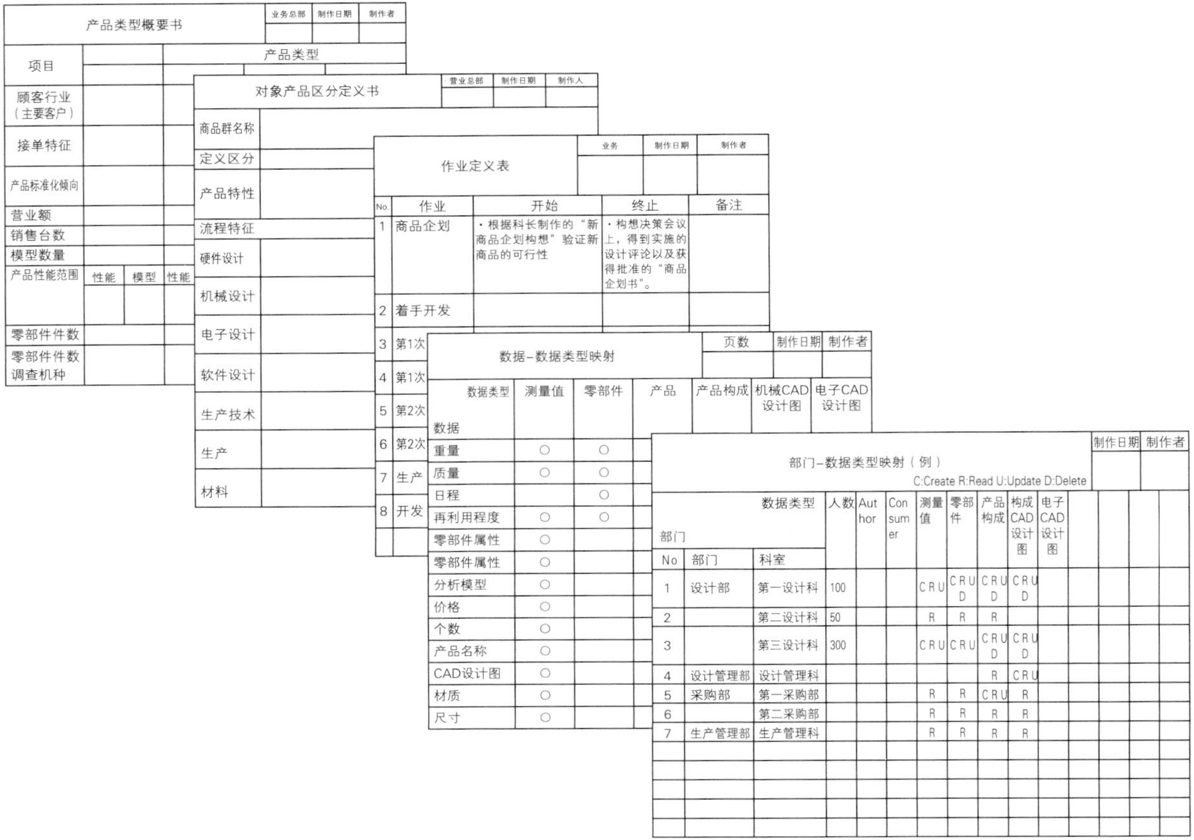

产品类型概要书

项目				
业务总部		制作日期	制作者	
产品类型				

项目				
顾客行业（主要客户）				
接单特性				
产品标准化倾向				
营业额				
销售台数				
模型数量				
产品性能范围	性能	模型	性能	
零部件件数				
零部件件数				
调达机种				
电子设计				
软件设计				
生产技术				
生产				
材料				

对象产品区分定义书

	业务总部	制作日期	制作者
产品类型			

商品群名称		
定义区分		
产品特性		
流程特征		
硬件设计		
机械设计		

作业定义表

	业务总部	制作日期	制作人
No	作业	开始	终止	备注
---	---	---	---	---
1	商品企划	·根据科长制作的"新·构想决策会议"	得到评论以及获得对准批的"商品企划书"。	
2	着手开发			
3	第1次			
4	第1次			
5	第2次			
6	生产			
7	开发			

数据-数据类型映射

	页数	制作日期	制作者
数据类型	测量值	零部件
产品		
产品构成	零部件	

数据	测量值	零部件
个数	○	○
重量	○	○
质量	○	○
日程	○	
再利用程度	○	
产品名称	○	
CAD设计图	○	
材质		○
尺寸		○

部门-数据类型映射（例）

C:Create R:Read U:Update D:Delete

	制作日期	制作者
人数	Author	Consumer	产品构成 零部件	测量值	零部件构成	产品构成 CAD设计图	电子CAD设计图

No	部门	科室	人数	产品构成 零部件			零部件构成	产品构成 CAD设计图	电子CAD设计图
1	设计部	第一设计科	100	CRU	CRU	CRU	CRU	CRU	CRU
2		第二设计科	50	R	R	R	R	R	R
3		第三设计科	300	CRU	CRU	CRU	R	CRU	CRU
4	设计管理部	设计管理科		R	R	R		R	R
5	采购部	第一采购部		R			R	CRU	R
6		第二采购部			R			R	R
7	生产管理部	生产管理科		R	R	R	R	R	R

208

· 用语一览

● **系统化范围的明确化**
【内容】

　　明确包含本次发布对象在内的系统及应用。

【输出结果】
· 系统概要

● **把握设计信息和部门之间的关联**
【内容】

　　弄清作为本次管理对象的数据种类，明确使用该特定数据类型的部门。

【输出结果】
· 数据—数据类型映射
· 部门—数据类型映射

◆ **单元 2：业务流程的分析**

　　很多设计者熟知自己负责的作业及专业领域的知识，具有高度的知识储备。但现实状况是，自己的作业内容担负着产品开发整体的哪个部分？自己负责的成果会经过怎样的工序最终实现量产？能对这些问题进行整体把握的设计者只占一小部分。

　　纵观设计开发业务，把握整体情况，能够尽可能地削减重复作业、无用的作业等待时间以及非生产性的作业。为此，必须要对设计业务的业务流程加以分析。

要想定义业务流程，必须在分析现实的设计业务和与之相关的业务、弄清设计作业的整体状况的同时，明确效率低下的业务流程，找出改善策略。

业务流程的分析作业中，通过导入 PLM 系统来明确能够提高效率的要点，将高效的设计开发业务再次设计成其应有的状态（To-Be 模型[①]）。

●**步骤 1：把握整体业务**

【内容】

把握规定范围内的业务概要。

【输出结果】

·业务流（As-Is）

·作业详细清单

●**步骤 2：找出作业目的的定义及问题点**

【内容】

明确现在正在进行的作业及操作的目的与意图，整理与之相关的问题意识。

【输出结果】

·作业目的和问题点

·课题一览

●**步骤 3：各项作业的输入和输出的整理**

【内容】

不对纸质、电子信息等设计开发各个工序产生的成果及使用

---

① 注：原本应当追求的理想业务模型。

的信息加以区分，全部总结汇总。

【输出结果】

·输入 / 输出关联一览表

● 步骤 4：使用 PLM 的应有姿态（To-Be 模型）制作

【内容】

　　使用 PLM 对业务流程加以定义，将顾客要求的功能按不同作业单位分别进行再次设计。

【输出结果】

·甘特图

·信息流

·业务流（To-Be）

● 步骤 5：数据类型和作业的关联建立

【内容】

　　定义出各项作业由什么数据制作、使用。

【输出结果】

·数据类型—作业图

● 步骤 6：信息模型的制作

【内容】

　　定义出数据的关联性，制作信息模型。

【输出结果】

·数据—关系图

·信息模型

图5-1-3 单元2的成果

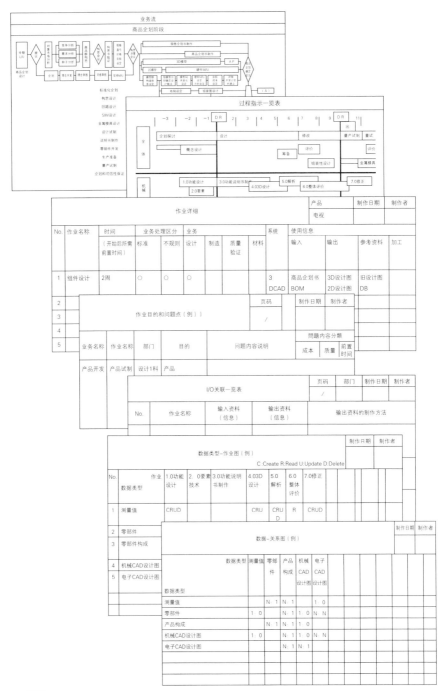

212

◆单元3：解决方案的定义

定义了导入 PLM 系统后的设计开发业务的应有姿态（To-Be 模型）之后，就要着手进行以实现这一应有姿态为目的的详细设计了。

要想在设定好的范围内最大限度地对业务流程进行辅助和支持，需要定义必要的功能，确定业务改善与系统化的优先顺序。

●步骤1：挑选出 PLM 系统功能

【内容】

模型化的业务过程和考虑到具体设计业务的设计过程的 To-Be 模型建成之后，与以下 PLM 系统所具备的功能一起进行测绘，定义出 PLM 系统的功能概要。

【输出结果】

- 作业的体系分析
- 不同功能的使用者必要条件分析表
- 作业和功能测绘表

●步骤2：定义与外部系统之间的接口界面

【内容】

查找出与 PLM 系统关联在一起的 MRP 等 PLM 周边系统，定义出与其他系统之间的接口界面概要。

【输出结果】

- 动作和数据的迁移
- 外部接口界面功能一览

●步骤3：管理数据（对象级别）的整备

【内容】

整理 PLM 各个功能需要使用的数据，建立使用的数据模块（对

象级别）。

【输出结果】

·功能和数据类型的测绘表

·不同功能在对象级别上的用途

●步骤 4：系统化范围的确定

【内容】

　　根据使用 PLM 系统的"应有姿态"，定义出本次系统化范围的业务流。

【输出结果】

·系统化业务流

●步骤 5：发布计划的制作

【内容】

　　根据目的将用 PLM 系统实现的功能分成若干功能组，制作现实性的发布计划。

【输出结果】

·按不同时期制作的发布功能一览表

◆单元 4：PLM 系统的设计

　　为了满足多用途的设计需求，很多 PLM 系统采用了纳入对象指向的系统结构。

　　因此，登记录入 PLM 系统的数据是以对象级别等形式被管理的，PLM 系统在设计时会定义出这些对象级别的动作。

图5-1-4　单元3的成果

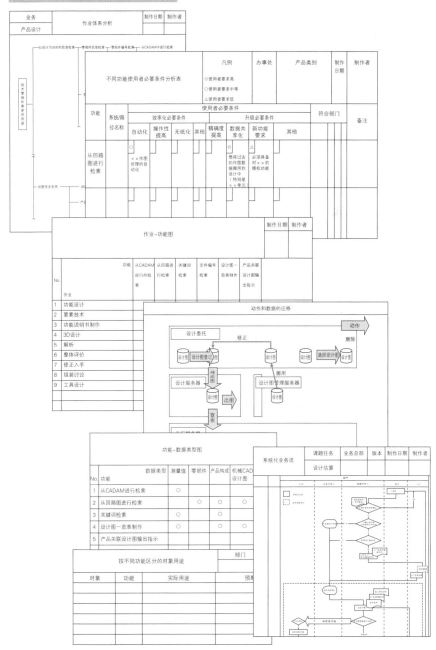

PLM 系统为了处理 CAD 数据及图像数据这种非常大的数据，也为了保证设计业务的作业效率，必须要对服务器及网络的实行以及数据库的响应进行充分设计，这一点非常重要。

即使定义出了理想状态下的设计开发业务流程，但如果应对每个设计作业动作的 PLM 系统响应较差，那也毫无意义。

因此，必须明确 PLM 管理的设计信息的级别，以管理的数据对象为基础，分析系统的估算容量及网络带宽，推进最适合的数据库设计，设计出能够保证设计业务效率的 PLM 系统的基础设施。

●步骤 1：级别和作用的定义

【内容】

　提取出应在 PLM 系统中管理的对象级别，定义其作用和属性。

【输出结果】

・对象级别说明书

・对象相关图

・Attribute（属性・性质）定义书

●步骤 2：网络信息流量解析

【内容】

　预估从 PLM 系统转送过来的数据大小及事务量，讨论网络带宽是否合适。

【输出结果】

・网络构成图

・事务一览

●步骤 3：物理性系统容量估算

【内容】

　　计算出保存数据库登记录入的信息（元数据）量、CAD 数据、电子文档的硬盘容量。

【输出结果】

·系统容量估算表

● 步骤 4：数据库配置设计

【内容】

　　考虑到系统实行的应用和数据库分散配置的设计。

【输出结果】

·模块·数据库配置图

图5-1-5　单元4的成果

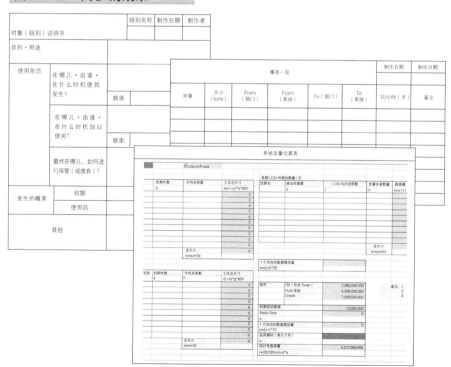

◆单元5：PLM系统的构建

下面，终于要进入PLM的构建阶段了。

为了实现灵活的信息管理，多数PLM系统都是根据以对象指向的设计思想来构建的。

PLM的构建基本上与对象指向的系统开发一样，但在若干个点上，PLM必须持有独特的系统设计方法。

步骤1：定义安装功能

【内容】

查出用户进行的作业和PLM所具有的功能，描绘并定义出用户正在进行的设计作业中能够利用哪种PLM功能。

【输出结果】

·业务功能——PLM安装功能图

●**步骤2：定义对象级别的动作方法（举动）**

【内容】

针对在PLM系统中被管理的对象，设计出动作方法（举止），具体设计出在PLM上安装的功能。

【输出结果】

·方法设计书

●**步骤3：用户接口界面的设计**

【内容】

为了提高PLM系统的一贯性、易用性，需要设计出考虑到末

端用户的使用便捷性的"用户相互作用方法①"和"用户接口界面"的设计。

【输出结果】

·画面设计

·画面迁移图

·相互作用图

● 步骤 4：管理 PLM 数据的对象级别的所有权、检索权、Vault 的定义

【内容】

　　进行 PLM 管理的对象的所有权、检索权以及 Vault 的设计。

【输出结果】

·对象管理一览

● 步骤 5：工作流设计

【内容】

　　以单元 3 的步骤 4 中定义的系统化业务流为基础，设计工作流。

【输出结果】

·工作流设计书

·工作流中的各个负责人的处理一览

● 步骤 6：PLM 系统基本使用规则的设定

【内容】

---

① 注：用户针对系统采取的动作。

为了使用新系统顺畅地运行业务,需要定义基本的使用规则。

【输出结果】

·基本使用规则一览表

●步骤 7: 与外部系统之间的接口界面

【内容】

详细定义同外部系统的交互动作及数据,设计与 PLM 系统合作的外部系统接口界面的详细做法。

【输出结果】

·与外部系统之间的数据流

·与外部系统之间的接口界面

●步骤 8: 功能测试计划

【内容】

制作与发布的功能测试相关的检查清单。

【输出结果】

·安装功能测试检查清单

●步骤 9: 实行测试计划

【内容】

在发布之时,设想好实际的操作,检查 PLM 系统的响应。

【输出结果】

·实行检查清单

●步骤 10: 数据的转移

【内容】

查出使用时必需的数据，制订转移计划。

【输出结果】

·数据转移计划

图5-1-6　单元5的成果

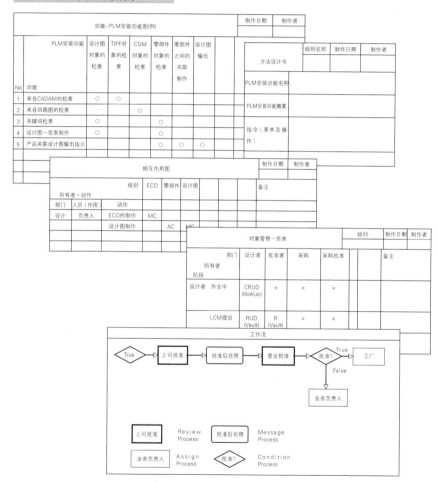

◆其他：产品编号体系整备的推进方法

下面，向大家介绍重新审视产品编号体系时的具体开展方法。产品编号体系的重新审视需要使用评估表（Assessment Sheet）进行。

在开始调查产品编号之前，将产品编号大致分为以下两种流程，选择出进行产品编号意见征询的部门之后，再开始调查。

---

①工程编号（Engineering Code）

主要是指从企划·设计开发到量产之前的业务所使用的产品编号。

对产品编号从诞生开始到正式化之前的业务流程进行意见征询，弄清楚管理的产品编号编码体系。企划编号、临时产品编号、试制品版本、正式产品编号、采购产品编号等都属于这一种类。

②供应链编号（Supplychain Code）

主要指在接单、生产、交货和与补给物品相关的一系列供应链业务中使用的产品编号体系。

接单产品编号、正式产品编号（生产用）、工序内产品编号、补给零部件产品编号等都属于这一种类。

开展产品编号体系的意见征询的步骤如下。

●单元 1. 项目构建

在这一步骤中，要明确产品编号体系构建项目的目的，保证相关部门之间的意见统一，明确日程、体制等。

●单元 2. 基本信息确认

确认产品编号相关的基本信息。关于意见征询的内容，主要是对编号体系及种类、使用产品编号的业务场合及工作流程的细致调查，以及有关目前产品编号体系的问题意识。

另外，即使使用的是相同的产品编号体系，对工程编号和供应链编号的问题意识也不尽相同，因此，调查的开展必须要能够反映出这两者视角的意见。

●单元 3. 从属信息的确认

将表示产品及品种本身的编号定义为产品编号的基本信息时，要将设计变更导致的历史记录管理及不同主顾或不同顾客的编号定义为"从属信息"展开调查。

在这一步骤中，要开展对设计变更的主要原因及产生时间、与设计变更相关联并产生影响的编号及业务等的调查。另外，在将顾客的产品编号与公司自身的产品编号相关联进行管理时，从顾客产品编号看出公司自身的产品编号、从公司自身的产品编号看出顾客产品编号的关系也要一并进行调查。

●单元 4. 新编号体系方案的建立

把握了现阶段的编号体系，明确了目前的课题之后，下一步要对能够解决这些问题的必要编号体系进行探讨。

在开始新产品编号体系的讨论之前，要明确目的、目标以及解决问题的范围，这样能够防止新产品编号体系变得冗长。

完成了新产品编号体系的定义之后，就明确了使用新编号对现有业务流程造成的影响要点，就能使用新产品编号对业务进行再设计，重新设计出有效的新业务流。

●单元 5. 系统化构思方案的建立

要想将新产品编号体系落实到业务之中，不能仅靠人力使用，还必须考虑到 IT 的自动化处理形式，将其纳入计划中，活用在生产现场。通常，产品编号几乎可以应用于所有的系统，因此还必须考虑清楚要将新的产品编号体系导入并落实到哪个系统中，并建立相应的计划。

为了获得相关部门的协助，要先明确新产品编号体系导入的优势和 ROI（投资回报率）。

图5-1-7　产品编号体系的意见征询步骤

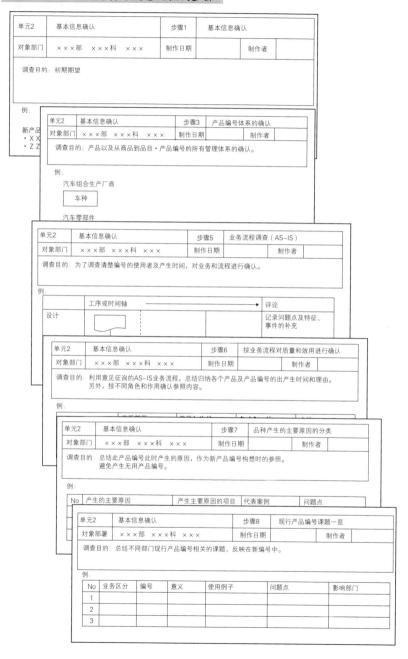

5-2 了解各种PLM的导入类型

◆了解案例分析是 PLM 导入的最佳捷径

要想实现顺畅的 PLM 构建，在设计开发中实现有效的 PLM 系统导入，将 PLM 的导入类型作为案例分析进行学习和了解是一条最佳的捷径。

在案例分析中，我们将对 PLM 导入前有什么课题及问题，如何使用 PLM 解决这些课题及问题，以及通过 PLM 导入能获得什么样的效果进行说明。

在本案例分析中，笔者将在导入案例最多的设计开发领域导入 PLM 系统，并以此案例为中心进行介绍。

◆大型办公器械生产厂商的并行工程构建案例

说到整备了产品设计环境，实现了"设计期的缩短"和"质量的提高"的 PLM 导入案例，最典型的要数大型办公器械生产厂商 A 公司了。

为强化产品开发能力，A 公司先于其他公司开展了三维 CAD 的导入，但导入后，原来在生产制造阶段发现的不良问题依然频发，进入量产阶段后，返工的情况也屡屡发生。如此一来，在量产的初期阶段无法按日程进行生产，造成了较大的问题。

在调查了日程延迟的原因之后，该公司发现了以下问题：

●设计部门的信息无法顺畅地提供给生产部门，导致设计意图无法充分传达，一旦开始生产制造就会出现问题。

●设计日程延迟造成的影响波及到了生产技术的日程，生产技术设计无法确保充足的时间。

●反映生产方面的必要条件的机会仅存在于设计评论的场合，而且多在设计日程的后半段进行，因此，无法在产品设计中充分反映出生产制造的便利性等问题。

●在设计部门导入了三维 CAD，实现了信息共享，但充其量也仅限于设计部门内部的范围。

●三维 CAD 将产品及零部件的形状建成了立体模型，成功做出了简单易懂的设计图。但是三维 CAD 与二维的不同，在生产现场的生产制造中所必需的公差及尺寸信息仅靠三维模型的信息是不充分的，生产开始后的返工完全没有减少。

　　要想解决这些课题，在将设计意图正确传递给生产现场的同时，不能仅仅以设计者的视角完成产品设计，还要听取生产方面的意见，做出"容易生产制造"的产品设计。

　　因此，把设计信息较早向后续工序公开，不仅能得到生产部门的意见，还能得到采购部门及质量部门的反馈，着手构建能够设计出低成本、生产简便且高质量的产品的环境。

　　为此，需要解决以下课题：

1.产品·零部件编号和设计图等各种设计信息的一元化管理

以往是把产品编号中的设计图的修订版本编号作为"图号"使用，根据设计图的数量位数是否相同来判断"产品编号"和"图号"的对应关系，管理设计图。但产品编号是用主系统、图号是用CAD系统分别进行管理的，因此查找产品编号对应的设计图十分费时费力。

另外，零部件表也只是生产管理用的生产零部件表，因此设计阶段的信息没有进行一元化管理，最新的设计信息只在各个负责人之间分散管理着。

设计者必须靠肉眼匹配、对照从主系统中输出的产品编号和图号。这一方法不仅费时费力，还无法得知哪个信息是最新的，因此错误地在旧设计图上添加了改善变更的情况屡屡发生。

图5-2-1　极易出错的设计者肉眼匹配

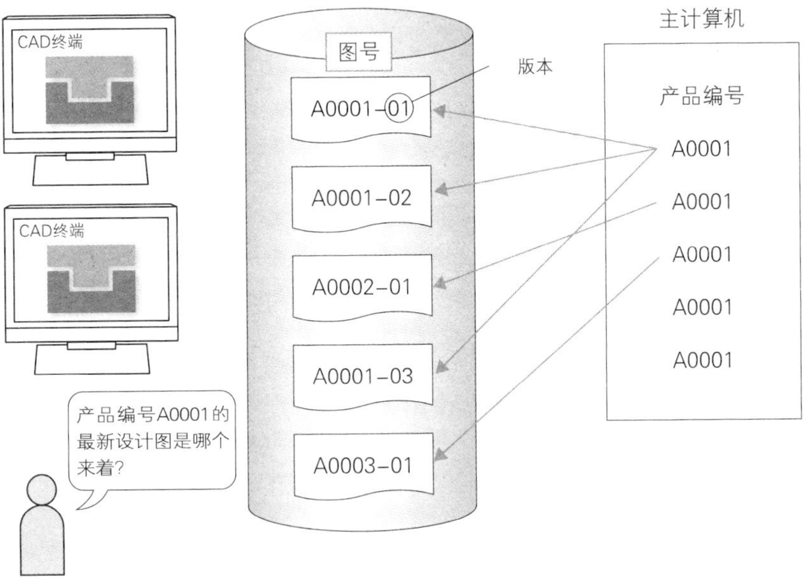

CAD终端

CAD终端

图号

版本

A0001–01

A0001–02

A0002–01

A0001–03

A0003–01

产品编号A0001的最新设计图是哪个来着？

主计算机

产品编号

A0001

A0001

A0001

A0001

A0001

因此，为了对设计信息进行一元化管理，重新定义了设计零部件表，将构成零部件表的零部件产品编号与以设计图为代表的各种设计信息相关联，进行一元化管理。结果，构建了无论是谁都能简单、正确地检索最新设计信息的环境。

通过定义设计零部件表、将产品的设计信息进行一元化管理，后续工序也可以简单、正确地查找出将产品编号作为关键词、关联到品种主数据中的最新设计图以及组装指示书等设计文件了。

另外，通过区别于生产零部件表、另外重新定义设计零部件表，能够不考虑生产管理的情况，而由设计部门自由地构建零部件表，并同时正确留存设计变更的历史记录。

将设计零部件表和生产零部件表分开所带来的具体好处如下：

生产零部件表用于实行 MRP 时，以建立生产计划为目的。但是，设计方面为了应对不良问题，必须要随时制作新版本的零部件表，将信息反映在零部件表中。

比如：设计方面开展应对不良问题的新版本设计时，即使想要将其登记录入到零部件表中进行一元化管理，但如果在生产零部件表中加入变更内容，就会对目前正在生产的生产计划造成影响。

另外，在生产现场，有时也会从供应前置时间及成本方面考虑而使用替代品，因此希望在设计部门意识不到的情况下使用零部件表。

将生产零部件表和设计零部件表分开使用，这样就不会对目前生产的产品计划造成影响，设计部门也能够开展设计工作，将成果登记录入到 PLM 系统中，将设计变更的历史记录及时、准确地留存下来。

另外，由于以往要对主产品编号和 CAD 图号进行对照比较，因此获取最新信息需要花费不少时间和精力，但如果能用 PLM 系统进行产品编号检索的话，就会仅显示最新的设计信息，设计部门就能够准确无误、轻松简单地对目前正在设计中的信息、生产部门设计完成后发布的信息进行检索。其好处就是，能够简单、正确地与后续工序共享设计信息，节省查找信息的时间和精力，实现设计信息一元化管理的环境。

2. 将设计信息及早向后续工序公开的环境

A公司虽然已经导入了三维CAD环境，但要想将CAD信息向后续工序公开，使负责人检索到设计信息，必须要导入相同的CAD软件。但是，后续工序的三维CAD导入在成本上并不现实，因此需要一种能令后续工序的负责人简单轻松地检索到设计信息的体系架构。

因此，为了让后续工序的作业者能够看到三维CAD信息，需要将CAD数据转换成TIFF及CGM等图片格式来公布信息，但由于产品编号及图号没有进行统一管理，因此公布的信息并不是最新信息的情况很多。而由于在后续工序中直接使用了旧信息开展作业内容，结果导致返工的情况频频发生。

导入PLM系统，不仅能够用设计零部件表对设计信息进行一元化管理，同时，通过PLM的权限管理及使用Vault，还成功建立了后续工序也能简单轻松地检索到最新信息的环境。

具体来讲，就是根据设计的进展状况来定义Vault，并对Vault中登记的信息构建了仅允许授予权限的主要后续工序负责人才可以自由检索的环境。

设计者只需要将设计的进展情况作为主数据信息登记录入，将CAD数据及文档文件等成果一起登入到Vault中，后续工序负责人就能够检索到各种信息了。

也就是说，后续工序不必考虑设计的进展，只要在必要的时候在Vault上自由检索，就能够得到最新信息了。

另外，在PLM系统中，与产品编号相关联的CAD数据及组装指示书等设计信息的检索也能够根据权限进行管控。通过PLM系统对设计部门应查看的相关信息和想要给后续工程看的相关信息的管控，构建了由恰当人员检索到必要信息的环境。

为了让后续工序能够参看CAD数据，在将Vault中登记的CAD

数据自动转换成指定图片格式的基础上，会将之与设计图相关联进行管理，因此没有 CAD 软件的后续工序部门也能够轻松确认三维模型了。

其好处是，即使在设计评论前也能够得到后续工序的反馈，开展能够考虑到生产制造阶段问题的产品设计。

3. 将变更信息及早地正确传达给后续工序的工作流的使用

即使产品开始量产了，也不代表产品的设计就结束了。后续还会面临应对生产中及交货后发生的不良问题、更改设计内容以实现质量提高及成本降低等问题。

能够将这些变更信息正确地传达给后续工序，使生产现场准确无误地持续进行生产的体系架构也是必不可少的。

因此，要使用 PLM 的设计变更主数据，在对设计变更的时间进行管理的同时，使用工作流提高传阅的速度。

设计变更主数据中有该设计变更生效的日期，控制着产品构成及设计图的有效日期。另外，设计变更自不必说，新制作出来的设计图及指示书等也会作为设计变更主数据关联起来进行管理，所以，后续工序的负责人只需要讨论设计变更主数据就能够轻松检索到必要的信息。

用设计变更主数据来管理构成生效的日期，不仅能够在不对目前的生产计划造成影响的前提下管理设计变更历史记录，还能够轻松得知以往的应对经历等。

另外，在设计变更的传阅方面使用工作流，能够在节省用纸质传阅的时间和精力的同时，成功打造出能向必要人员自动提供必要信息的环境。

通过使用工作流，管理者能够控制住负责人不在时或因尚未获得批准而导致工作积压、停滞时的局面，能够削减因文件传阅的停滞

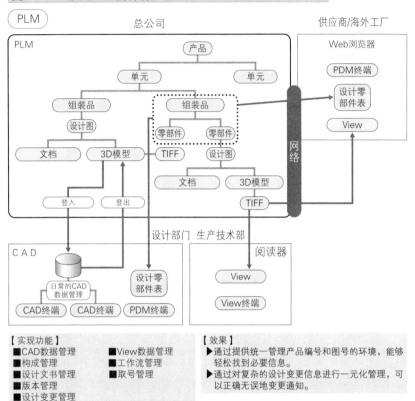

图5-2-2　使用PLM的并行工程

【实现功能】
■CAD数据管理　　■View数据管理
■构成管理　　　　■工作流管理
■设计文书管理　　■取号管理
■版本管理
■设计变更管理

【效果】
▶通过提供统一管理产品编号和图号的环境，能够轻松找到必要信息。
▶通过对复杂的设计变更信息进行一元化管理，可以正确无误地变更通知。

●通过构建PLM系统，能够将设计部门正在开发的产品信息顺畅地共享给后续工序。
●设计信息的顺畅共享构成了公司自身并行工程环境的基础，同时，由于实现了地理上位置较远的部门（公司）之间的信息共享，完成了以设计期的缩短和质量的提高为目的的基础设施建设。

而导致的作业延迟造成的影响。

　　将设计零部件表和生产零部件表分开使用，既不会对生产零部件表造成影响，又实现了设计变更的工作流的传阅，实现了迅速的设计变更应对。

◆解决多个 CAD 环境兼容性的 PLM 导入案例

很多企业都导入了 CAD 软件，但能够在全公司范围内统一 CAD 软件并灵活运用的企业只有少数。

只要统一了 CAD 的应用，就不用再顾虑 CAD 数据的兼容性，无论哪个部门的人员，只要导入了 CAD 就能够查看同样的数据，共享信息，因此可以说，这是实现设计信息共享的理想环境。

所有企业都想实现设计信息共享的理想环境，但现实情况是，要想实现这一环境是非常困难的。

其理由有很多，比如：CAD 价格高昂，使用频率较低的部门如果导入 CAD 的话投资的性价比太低了；由于设计业务是企业的核心业务，因此 CAD 应用如果仅限定一个软件生产厂商的话风险太高，等等。

无法在全公司范围内统一 CAD 环境的最大理由就是，CAD 不单单是绘图工具，还是执行业务的工具，所以不像文件制作软件一样只要单纯地写文档就可以了。

比如：设计部门会在绘制产品设计图的作业中使用 CAD 软件，而生产技术部门会在绘制金属模具设计图的作业中使用 CAD 软件。这两个部门使用不同的 CAD 软件，理由是各部门的业务内容有所不同，因此各自分别使用特殊化的 CAD 软件更能提高作业的生产率。

除此之外，还存在国内和海外工厂采用的 CAD 软件各不相同的情况；老主顾发送过来的 CAD 设计图与公司自用的 CAD 软件不同的情况；即便是同一个 CAD 生产商的软件也会由于版本变化而导致无法保证数据 100% 兼容的情况，这些情况都是目前的现状。

CAD 制作的设计图是企业经过几十年的岁月积累下来的资产，因此绝对不能出现"由于 CAD 数据没有兼容性而导致过去的数据无法使用"的现象，必须建立并有效使用不同的 CAD 数据的设计信息共享环境。

为了应对这一需求，需要讨论以下 3 个要点：

①要想做到在更换不同生产厂商的 CAD 的情况下也能保持 100% 的兼容性非常困难，因此不变换数据，建立应对机制进行管理。

②将公司自身的 CAD 作为作业主体制作 CAD 设计图，而将其他的 CAD 数据及过去的设计图作为参考资料。

③使用 PLM 将 CAD 数据关联起来，作为对照数据库进行使用。

有的企业根据上述视角，灵活使用 PLM 对设计环境进行整备，解决了令人困扰的 CAD 生产厂商之间的数据兼容性问题。

这种情况下选择 PLM 系统的基准是：具备基本的 PDM 标准功能；尽可能不按客户的要求定制，能够在短期内完成导入。

之所以这么说是因为，PLM 的构建需要花费时间，其间不仅会不断积压与公司自身的 CAD 无法兼容的数据，作为外部主要原因的 CAD 数据的非兼容性条件也会发生改变，因此，很多情况下无法构建良好的 PLM 系统。

另外，构建这种 PLM 系统时，还要求具备以下标准功能：

● **灵活的数据构造**

PLM 的数据构造能够灵活变更，减少了按客户要求定制的要素。为了能以方便管理对应公司自身 CAD 的 CAD 数据的形式建立关联，数据构造的定义要简单容易。

● **包含查看（Viewing）功能**

老主顾发送过来的 CAD 数据以及没有兼容性的 CAD 数据可以

不能进行编辑，但要能进行查看和参考。有了查看功能就能够读取多数 CAD 数据，与公司内部没有兼容性的 CAD 数据也能够使用查看功能确认内容。

另外，查看功能还要具备数字化全尺寸模型的功能，能够检查公司自身设计出的零部件和老主顾提供的 CAD 数据的整合性。

●能够管理修订及版本

通过管理修订及版本等的变更历史记录，能够对源数据与着手进行的新作业设计数据之间的关联性进行一元化管理。

●可以登入（check in）·登出（check out）

为了实现由若干设计者进行的作业，必须具备能够将 CAD 数据用 Vault 进行一元化管理，使用 check in 或 check out 功能对数据进行排他管制、推进作业的功能。

●检索权限

可以设定动态的检索权限，使若干个不同部门在同一系统下进行作业。

●安装容易

为了实现短期导入，需要具备能够简便安装，同时能够简单进行数据转移的功能。

●易亲近的接口界面

采用了类似于网络及日常使用的 PC 应用的、易亲近的标准接口界面，这样能够实现导入后的顺畅使用。

> 另外，还有的 PLM 具备若干个 CAD 接口界面。
>
> 使用 CAD 接口界面，能够无缝进行从 CAD 菜单到 PLM 的 check in 及 check out，因此能够及早实现 PLM 系统使用的落实。

通过构建这样的 PLM，能够在较短时间内建立应对多个 CAD 的设计环境，不仅能够实现设计业务的效率化，还能够成为与所有业务密切相关的、具备全部功能的全球化 PLM 导入的基础，从而构建 PLM 系统。

◆ CAD 数据的有效利用和生产技术作业的前置案例

在为实现若干部门的协同作业而使用 PLM 的案例中，特别是从设计到生产开始这一期间，产品设计部门和生产设计部门的关系十分密切，下面就介绍一下这两个部门的合作案例。

在产品生命周期的短期化倾向愈演愈烈的现今社会，等待设计部门制作出产品设计图及制作说明后再进行生产设计的话，就赶不上日程安排了。即便是为了减少生产制造开始之后的返工，也需要生产技术部门尽早得到设计部门的设计信息，从生产制造的视角将必要条件反馈给设计部门，在产品设计中加进这些必要条件。

通常，产品设计部门对产品开发负有重大责任，但近来，将设计信息具体化的生产设计部门也拥有极大的权限，以此推进产品设计的例子也并不鲜见。

不仅从功能的视角进行产品设计，而且还强化"如果不能从生产制造的视角取得令人满意的成果，就无法出图"等生产设计部门的权限，以加进生产制造要素的形式进行产品设计，这样的企业不在少数。

图5-2-3　使用PLM建立的多个CAD/多站点（Multisite）设计环境

构建CAD数据在多站点模式下的使用环境，构建在不同据点之间共享标准零部件、能够将完成的设计图及零部件图迅速移交到其他据点、能够多据点发生的设计变更的使用更加效率化的环境。

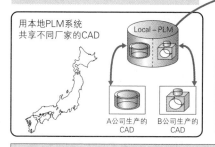

用本地PLM系统共享不同厂家的CAD

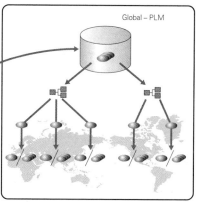

- 在企业内部存在各种CAD软件的今天，最现实的做法就是准备好不依赖于CAD的灵活设计图信息（三维数据及零部件表）管理的体系架构。
- 设计图信息的共享，不仅实现了尽早向后续工序提供信息的并行工程，而且在全球化的今天，海外据点的早期建立及全球化设计变更的迅速应对等也是能发挥效果的重要措施。
- 通过建立能够将若干CAD信息在多站点模式下进行灵活管理、共享的环境，能够实现设计变更的迅速应对、挪用设计的促进、设计知识的积累、共享，削减设计、开发花费的成本，缩短开发期。

　　不过，不是让设计者彻底进行融合了生产必要条件的产品设计，而是将生产设计的专业部队——生产技术部门加入设计开发过程，完成产品设计。这一措施的开展能够实现在设计阶段加入生产必要条件的设计。

　　结果，这样做的企业抑制了量产化之后的设计变更的发生，实现了量产的垂直启动。

　　进行产品设计的设计部门和进行生产设计的技术部门之间，业务的目的迥然不同。因此，不能将 PLM 构建在一个平台上，而应该构建设计用 PLM 和生产技术用 PLM 两个平台，仅关联 CAD 设计图及零部件表的必要信息，采用能实现并行工程的系统设计。

　　在导入设计用 PLM 和生产技术用 PLM 之前，生产技术部门尚未导入 PLM，生产技术部门仅接收设计部门传阅过来的产品相关设计信息并推进作业。

因此，生产技术部门得到信息的时机总是稍晚一步，出现了无论如何都要减短部门内讨论时间的倾向。

另外，设计部门和生产技术部门的协作关系也十分淡薄，各部门导入的 CAD 也不尽相同。生产技术部门会对设计部门制作的 CAD 三维模型按符合自己部门的 CAD 格式进行重新制作，做好了分析用的数据之后才会花时间进行设计金属模具等的作业，因此在发生设计变更作业等情况时，就会产生大量的作业负担。

为解决这类课题，企业建立了以生产技术部门为主导的 PLM 项目，实现了以下内容的效率化。

1. 通过设计部门之间的信息共享实现并行作业

● 设计文件的阅览

生产技术部门主动获取产品设计部门制作的设计图及制作说明书等文件，能够实现设计信息的早期获取并削减传达错误。

在生产技术部门和设计开发部门，导入的是不同的 CAD。导入能应对多个 CAD 的 PLM 系统后，能够通过 PLM 系统从 CAD 的画面中参阅设计部门正在开发中的 Vault，还能查看设计的成果，随时反映到生产技术部门的生产设计内容中。

● 设计变更的高效传递

设计 PLM 和生产技术 PLM 之间进行无缝设计变更信息协作，在实现设计变更信息的一元化管理的同时，能够迅速得知设计部门着手进行的设计变更内容，使削减返工的流程得到落实。

●明确对设计部门进行反馈的流程

构建生产技术 PLM 系统，能够让产品设计部门的人员更容易找到生产技术部门实施的分析结果及实验内容的结果、报告书的位置。

通过将向产品设计部门正确传达生产制造必要条件的流程标准化，能够确立推进加入了生产必要条件的产品设计的流程。

●生产技术流程的标准化

导入 PLM 系统的好处之一是能够使作业流程标准化。以往虽然有纸质基础的标准操作程序，但是由于开发期的缩短导致标准化作业难以获得充足的时间，因此部门内部的作业流程容易变得形式化。

但是，如果生产技术部门也导入 PLM 系统，就能在实现生产技术信息的一元化管理的同时，通过灵活运用工作流定义业务流程，谋求生产技术部门内部的标准流程的落实。

此外，由于与设计 PLM 区分开另外构建了 PLM，因此能轻松加进生产技术部门特有的业务必要条件。

2. 生产技术部门制作的数据的一元化管理・再利用的推进

● CAD 数据管理

把试制阶段的数据和设计阶段的数据相关联进行一元化管理，明确对什么数据做了变更，构建能够迅速应对设计数据变更的环境。

●试制零部件信息管理

针对每一个试制品及零部件的订单，对筹备零部件信息及 CAD 数据、分析结果、报告书等生产技术部门信息进行一元化管理，提高数据的检索性、挪用性。

●分析数据的管理

将分析数据及分析条件（条件、参数等）、分析结果的报告书、不良问题信息关联在一起进行管理，使所有人都能把握分析作业的意图，同时提高过去的分析信息的再利用性，借此缩短分析作业的时间。

●文件管理

将试制时及分析时制作的文件与CAD数据关联在一起进行管理，同时用 Vault 将这些文件公开，通过用工作流进行传阅、散发，实现信息传递的工作量削减和信息公开的早期化。

图5-2-4 将3D模型数据挪用到制造现场的作业指示书中

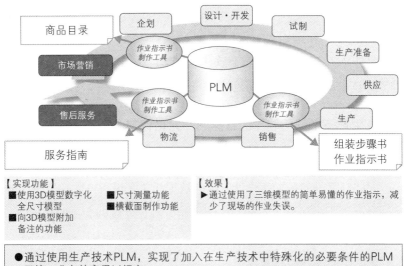

【实现功能】
■使用3D模型数字化全尺寸模型　■尺寸测量功能
■向3D模型附加备注的功能　■横截面制作功能

【效果】
▶通过使用了三维模型的简单易懂的作业指示，减少了现场的作业失误。

● 通过使用生产技术PLM，实现了加入在生产技术中特殊化的必要条件的PLM环境，业务效率得以提高。
● 使产品设计PLM和生产技术PLM的相互利用成为可能，构建了能够在不妨碍对方的作业进展的情况下，检索到其他部门持有的必要信息的环境，实现了顺畅的信息流通。

3. 与筹备系统之间的合作

通过生产技术 PLM 和生产管理系统的协作，生产技术部门制作的生产零部件表等信息能够直接加入到生产管理系统中，这样就能避免信息的二次输入。

另外，通过将生产管理系统所管理的成本、交货期信息反馈到生产技术 PLM 系统中，既能够把握筹备的进展状况，又能够构建出一个可以使用过去的案例及最新成本信息轻松把握产品成本的环境。

4. 与合作公司之间的协作

通过在生产技术 PLM 内部设置一个自动进行 CAD 数据转换处理的举措，既能够削减向合作公司进行信息公开的工作量，又能够建立一个体系架构，灵活利用网络，与众多合作企业共享最新的设计信息。

◆使用工作流开展出图传阅业务及提高设计变更效率的案例

下面，就对出图及设计变更时使用的工作流，以及提高将用工作流传阅的内容作为设计变更主数据运用时的效率的案例进行介绍说明。

产品的设计信息出图或变更时，信息传递错误会导致生产制造发生不良问题，这一点必须尽可能避免发生。

另外，将以制造相关部门的专业视角进行评价的结果反馈到设计内容中，能够对设计质量的提高有所帮助。

要想向众多人员迅速地传阅、散发设计信息，使用 PLM 的工作流功能非常有效。

在围绕工作流功能的效率化进行说明之前，首先，要向大家介绍一下用工作流进行传阅的内容中的"设计变更主数据"的使用方法。

●设计变更主数据的使用方法

产品设计部门在设计作业基本完成后，为进行设计评论，要在向制造相关部门传阅设计内容的过程中，以各部门从专业视角出发进行反馈的形式进行设计评论。

在这个评论中，生产技术部门会从"制造便利性"的视角、采购部门会从采用"价格"的视角、质量管理部门会从"产品质量"的视角对设计内容是否存在问题点进行讨论，将讨论结果反馈给产品设计部门，从而反映在产品设计上。

对新出的图进行设计评论时，要将设计图及产品制作说明等"设计图文件"和表现产品构成的"设计零部件表"进行传阅。另外，设计变更时，要在修改了设计变更前/后的设计图文件及设计零部件表的修订内容后，再给相关人员传阅。

有时一天会提出好几个设计变更，为了避免提出的设计变更内容相互干涉，必须要进行调整。

因此，使用 PLM 的设计变更功能时，并不是在设计图及设计制作说明中立即进行变更，而要首先出具设计变更要求（ECR）这一申请要求，再根据设计变更的实施进行调整。

设计变更请求得到批准后，将 PLM 的设计变更主数据作为设计变更指示（ECO）给相关者传阅，由产品设计负责人实施设计图及产品制作说明书的变更。

与设计变更指示相关的产品设计部门的作业完成后，包括相关部门在内，要一起对变更内容进行评论，确定最终的变更内容。

PLM 所管理的设计变更在这一时点结束，但随后，生产管理部门还要讨论将变更内容反映到实际生产计划中的时间，实施制造指示变更（OCM），之后，再反映到实际的生产制造中。

●工作流的作用

接下来，对传阅设计变更主数据的工作流进行说明。企业不同，对工作流的理解也不同，但发现不良问题的部门会将此作为设计变更申请进行申报，收到不良问题报告的产品设计部门会将设计变更申请记载在工作流中进行传阅。

在用工作流进行传阅的设计变更要求中，会有若干个在这一时点被退回，返还给提出者。

像这样，通过将在工作流中被退回的理由留存下来，能够把过去的设计变更要求的讨论意图作为知识技能积累起来。

图5-2-5　使用PLM对设计变更和工作流加以灵活运用

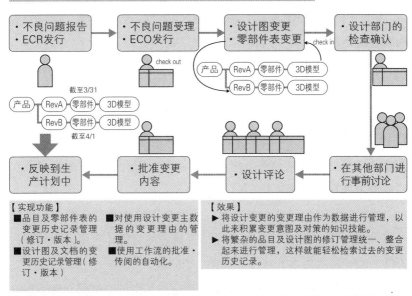

之后，设计变更要求成为了设计变更指示，具体的设计变更作业就开始了。此时，是仅向产品设计者传阅，还是在向相关部门发布消息的同时进行作业，全都取决于业务的思考方法和工作流的功能。

设计变更作业完成后，要集合相关部门的负责人，再次召开产品设计评论，判断变更内容是否可行。

此时，通过使用工作流将这些过程留存下来，可以逐步留存是由谁批准的、讨论了什么内容等，这样就能以这些信息为基础，将过去的设计变更经过及讨论内容作为知识技能进行灵活运用。

对用工作流进行了确认·批准的设计图及文档类，可以在工作流的传阅过程中进行加工，转换成设计图等可视格式，将文档类保留签字，留存历史记录。

以这种形式加以运用的设计变更和工作流有几点应引起注意。

在使 PLM 和 ERP 联动，运用设计变更时，必须明确"设计变更内容要向谁传达出多少内容"。

比如，在用电子 CAD 仅替换位置号码的设计变更中，不发生数量变更。

在这种情况下，虽然 ERP 中没有必要传达零部件表变更，但一旦 PLM 和 ERP 联动，ERP 方面的数量信息也会发生版本升级，作为设计变更处理对象导致工作流开始运作，因此生产方面也会发生日期设定处理等处理工作。

相反，由于生产方面的原因，发生微小的品目替换时，一旦使 PLM 和 ERP 密切联动，上流的设计者就必须对设计变更进行处理，设计者的无理由版本升级作业也是一个问题。

其原因之一就是，设计方面的管理信息和生产方面的管理信息没有分开进行管理。

此外，为了正确传递设计变更内容，用工作流传阅的设计变更主数据及相关文档及零部件表主数据类，通常会在工作流的传阅中被锁定，以保证信息无法变更。

批准工作流如果变长，相关主数据被锁定期间也会变长，因此，即便想要实施新的设计变更内容，也无法进行变更。

为了避免此类事态的发生，必须要对设计变更和工作流的运用进行设计。

◆使 PLM 和 ERP 协作的一般思考方法

在构建 PLM 系统时，必须要讨论其与包含生产管理系统的 ERP 的协作。

如果能够在 PLM 和 ERP 中进行同样的品目主数据和零部件表管理，将设计部门登记录入的品目主数据及零部件表信息与 ERP 良好合作，将会有很多好处，如在消除主数据的重复录入的同时，还能够实现由于数据再录入而导致的错误的削减及设计变更信息的迅速传递，等等。

通常，在 PLM 系统中，需要登记录入品目主数据，以设计零部件表的形式构建零部件表。然后，在设计完成后的出图阶段，不论是品目主数据还是零部件表，都要完成必要的信息登记录入。

但是，在与 ERP（特别是生产管理系统）合作的情况下，ERP 的品目中需要有零部件和原料的采购信息，生产计划所需的制造前置时间、库存信息和标准成本等作为必要信息，此后也要进行登记。

另外，在 PLM 系统中登记录入的零部件表，作为设计时讨论的产品设计，只具备必要的零部件及材料构成，而没有生产计划必需的供应商及缴纳前置时间、库存数量、采购单价等信息。

因此，就会发生即使 PLM 系统中有品目主数据和零部件表，也无法在 ERP 中直接使用的问题。在 PLM 和 ERP 的协作方面存在这样的课题，因此行业业态及企业必须满足以下条件，即设计部门具有生产工序之前的变更权限，直到生产现场的变更之前，全部由设计部门管理，否则就无法实现单纯的系统间协作。

由此，在思考 PLM 和 ERP 的协作系统时，必须考虑到以下两种类型的系统体系结构：

①在 PLM 中输入 ERP 所要求的采购及生产相关信息，将系统的正数据在 PLM 中进行一元化管理的类型

【优点】

由于采取了将包含在 PLM 系统中的品目及零部件表（设计和生产的两个零部件表）、工序信息等的正数据在全公司范围内进行一元化管理的方针，因此采购信息及生产相关主数据的登记录入也在 PLM 系统中进行。

作为主数据的管理方针这很容易理解，所以 PLM 和 ERP 相关联的场合，可以从 PLM 中直接关联相关数据，关联系统的逻辑构建比较简单。

【缺点】

由于必须在 PLM 方面改善采购及生产相关的主数据的输入条件，因此导致 PLM 方面的开发量激增。

②在 PLM 系统中仅输入产品设计的相关信息，采购及生产的相关信息则在 ERP 方面追加输入的类型

【优点】

在 PLM 系统中只输入品目主数据及零部件表（该情况下仅为设计零部件表）的基本信息，在 ERP 方面追加输入 ERP 所必需的采购及生产信息，因此 PLM 和 ERP 两个系统都被限制在了按客户要求定制的范围内。

【缺点】

协作逻辑变得复杂。特别是在要与设计变更等数据进行协作的时候，在 PLM 系统中进行了变更的零部件表构成如何在 ERP 系统中反映？如果没有准确定义出这一逻辑，就无法实现良好的信息协作。

由此可见，两者各有利弊，必须要选择符合公司自身方针的体系架构。对于 PLM 和 ERP 的数据协作逻辑，需要讨论以下事项。

● **主数据的合作共享**

PLM 和 ERP 并存时，会对品目及零部件表、设计变更进行重复管理。此外，在 PLM 和 ERP 之间使品目及零部件表协作时，必须确定更新步骤和主数据的主 / 从关系，使两者合作共享。

要想确定以合作共享为目的的主 / 从决定要素，首先要做到：仅在主系统中进行更新，在从属系统中仅进行结果的反映。在该情况下，从更新步骤的简化这一意义上来考虑，最好将持有信息较多的系统作为主系统。

为了避免两种系统之间的业务重复，要进行业务设计，防止一个业务中发生两种系统操作。

● **数差**

在思考数差的反映问题时，我们都希望能够尽可能实时协作，但在思考系统的简化时，批量处理也会作为一个选择进行讨论。

在批量处理时，必须明确"要反映的数据模块"，为此，必须要讨论以下几点：

·是昨天的数据还是今天的数据？

· 是待处理的数据还是准备中的数据?

· 是新处理的数据还是错误的修复数据?

●锁定

ERP 的运用，大多是白天进行接受订单、出库处理的工作，晚上进行 MRP 及成本累积处理等，几乎是一天 24 小时都在使用。

像这样，在进行 24 小时处理的 ERP 数据库中，进行数据协作的数据更新，有时候会发生记录锁定，导致处理出现错误，因此必须讨论如何避免记录锁定。

●更新

在主数据更新中，必须在零部件表中的"同一产品编号的转移"及与"删除"处理相关的操作问题上多下功夫。

比如：在进行"统一产品编号的转移"操作中，当将带有若干意义的同一产品编号的主数据登记录入到零部件表（为了改变人员数量或是添加位置信息，会持有若干相同产品编号等）或零部件表的顺序及阶层具有一定意义的情况等时，仅匹配单纯的产品编号是无法找到对应的品目的。

另外，当"删除"的时机不同时，设计零部件表中已经删除的品目会在生产零部件表中继续存在（由于变更开始日期的关系），且仅在生产零部件表中发生信息更新等。

●时间

制订计划尽量减少批量处理的时间，系统协作要顺应品质问题等的即时变更和成本降低活动等的常规变更的目的，以此设计处理方法。

● 应对故障

故障在所难免，开始使用的前 3 个月要配备专门的负责人。

最后，向大家介绍一下 PLM 和 ERP 协作进行设计变更时的注意事项。

● 将设计变更的流程设置成单向式

通常，设计变更不仅发生在设计零部件表中，还会作为生产必要条件的变更，发生在生产零部件表中。

设计系统（PLM）与生产系统（ERP）分别构建设计变更系统，不仅会造成投资浪费，还会使双方的协作变得非常复杂。

此外，由于必须包含主数据的正 / 副崩塌问题，因此数据的反映应尽可能设置为单向式。

● 尽可能在一个系统中完成设计变更作业

生产零部件表中的设计变更系统，通过在 PLM 周边进行变更，不仅避免了系统的重复投资，还能使操作的统一及主数据整合性的保持变得更加容易。

● 变更部分的数差反映从时间视角来看是正确的，从逻辑视角来看则是错误的

作为变更内容的反映方法，数差的反映在减少数据量方面非常有效，但对于零部件表来说其与位置信息（层级信息）有关，因此在反映变更内容时必须加以注意。尤其要注意删除的产品编号的处理问题。

●判断设计变更内容的反映时机

    同一产品编号在一天内发生数次设计变更时，必须要讨论向生产系统反映的内容，即反映什么信息来制订生产计划，生产指示后的变更如何处理这两个问题。

●讨论在反映设计变更时，节省人手劳力的方法

    实现设计变更时的设计零部件表和生产零部件表的完全自动化非常困难，但比起构建新零部件表来说，更能够减轻依靠人手的作业。为此，必须思考设计变更业务的效率化，设计出能使与设计变更内容的反映相互协作的操作变得简单易行的业务系统。

    至于 PLM 和 ERP 的协作方式是选择"用 PLM 输入所有主数据"的方法，还是"由 PLM 和 ERP 分摊输入"的方法，则必须要考虑业务处理的步骤和周边系统环境。

    根据笔者的经验，系统构建时，设计变更信息的关联逻辑比较简单，所以用 PLM 输入所有主数据与其他系统进行关联的例子比较常见。

5-3 PLM实现的下一代生产制造

◆为满足技术必要条件而进化的数字化工程环境

最后，笔者想要跟大家谈一谈 PLM 系统今后要具备怎样的要素，应该朝着什么方向前进的问题。

以往在构建支持设计业务的系统时，在大多数情况下，制作二维设计图和三维设计图要么就是必须分别使用不同的软件，要么就是必须重新构建一个传阅设计图的工作流。因此，一般都是以若干软件组合搭配的形式来构建支持设计开发业务的系统。

现今的 PLM 系统虽然也存在设计程度上的差别，但几乎已经具有能够覆盖贯穿产品开发整个生命周期的功能，另外，每个功能也都达到了在实用水平上正常使用的成熟度。

可以说，能够支持产品开发活动的设计数字化工程环境的 PLM 已经非常完备了。

其好处就是，对必须实际组装的零部件之间的干涉情况及强度、抗震性、耐热性等的讨论能够在生产制造开始之前提前进行，可以在开始生产前采取对策了。

另外，作为设计数字化工程的 PLM，能够从庞大的数据中提取出必要信息，讨论相关信息，跨越部门的隔阂快速、简单地实现信息共享，等等。可以说，能够对缩短从设计到生产的"Time to Market"起到一定的帮助。

事实上，如果说 10 年前，汽车的开发用时大多在 36 个月以上，那么时至今日，无论哪家汽车生产厂商都已经具备了能够在 12 个月到 15 个月的时间内完成设计工作、将新车投放市场的环境。

家电生产厂商也已将花费 1 年到 2 年的新产品开发速度缩短到了半年左右的时间，成功做到了以迅速应对顾客善变需求的形式将顾客所需产品不断投入市场。

在支持产品开发的设计数字化工程环境中，"开发复杂化的产品功能"的工具及"支援与严苛的质量要求及环境对策成比不断增加的设计者作业"的工具逐一诞生。今后可以预见的是，设计者将会解决难度不断加大的技术问题，以支援的形式进步，以应对更高级别的难题。

◆下一代 PLM 的关键词是"经营管理能力的强化"

对以 PLM 为首的数字工程环境进行展望，可以预见，在构建支持设计开发业务的设计数字化工程环境的同时，还必须整合从经营管理视角出发的经营数字化工程环境。

那么，从经营管理视角出发的经营数字化工程环境到底是指什么呢？

图5-3-1 今后的数字化工程环境

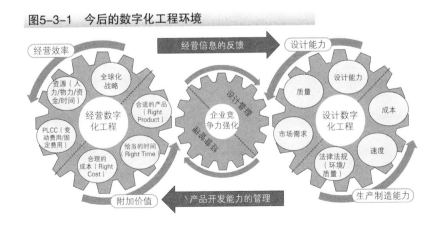

252

　　以往就有人说很多设计者具有匠人气质，设计部门中大多数都是成本意识缺乏的人。产品开发能力对生产制造产品的制造业来说是最重要的部分，因此以精益求精的精神做出高功能、高质量的产品能为公司做出巨大贡献。另一方面，设计者也有"喜欢新鲜事物"及"过于追求极致"的倾向，具有无论如何都想自己做出独一无二的产品，追求极致的功能及质量的一面。

　　因此，我们屡屡看到设计者设计出了生产成本高，制作方法过于复杂，无法提高成品率的产品。

　　今后，为了能够实现产品开发效率的提高，同时还能制作出有魅力、可盈利的产品，要思考 PLM 功能的强化，将"经营附加价值"和"经营效率"等经营管理的视角带入产品开发之中。

　　为了应对市场变化，需要确定考虑到产品生命周期的产品投入周期，以收益模拟等导出的信息为基础，实现推进产品战略的管理。

　　为了迅速开展"目前的需求是什么，应采取什么样的行动"等经营判断，企业要整备信息，客观地判断与企业战略相协作的产品强化策略及在商品企划上的反映，建立与产品战略息息相关的环境。

　　比如：为了将"产品市场份额提高 5%"而讨论必要的市场策略时，针对顾客需求，要管理能够判断"公司自身能够做到什么？""针对竞争对手企业的应对策略是什么？""零部件的共通化及标准化带来的成本及工作量的削减效果如何？""通过采用新技术来提高产品附加价值的实施策略是什么？"等这些问题的信息，并能够将之作为经营判断加以运用的环境。

　　像这样，作为将人力、物力、资金、时间等资源有机结合在一起，管理能够判断得出最佳选择的信息的系统，PLM 的经营数字化工程功能将得到不断强化。

　　目前，PLM 系统实现的经营数字化工程功能可列举如下：实现了"通过设计工程管理对人员的劳动及分配情况、进度以及交货期进行最适化管理，依据计划时间和成本管理开发项目"等有效的资源管理，缩短了设计时长，具备了以最合理成本进行生产的功能。

另外，其他功能还有"针对一个设计变更所带来的盈亏和设计变更对生产制造环境及生产计划的影响程度，能够通过数值对时间和成本进行实时把握"等，设计者能够把握这种信息，就能构建出支持与生产制造联动的产品开发推进的经营数字化工程环境。

另一方面，PLM 系统还要进一步加强与其他部门之间的交流。PLM 不仅能作为管理设计信息的数据库加以使用，还有望能够促进在各个方面对设计者制作的设计信息进行参考、再利用的数据库得到进化。

把握善变的顾客需求，这是销售及市场营销部门人员的工作。但是，他们所了解的市场需求并没有充分传递给设计者。

之所以这么说，是因为他们是以自身的业务语言来把握市场的呼声和需求的，却并不知道设计部门通用的技术语言。

比如，销售员知道美国的畅销产品，而且知道在美国，电源插座的形状与日本的并不相同，也知道由于美国人身材高大，比起设置多个小按键，美国人更想要那种功能不甚强大但方便大手操作的产品。

然而，销售员既不知道插座的名称，也不甚清楚电压在不同国家都是多少伏特、多少安培。另外，销售员也不具备将重视"即便身材比较高大，采取稍显粗暴的操作方式也不会损坏产品"这一顾客需求准确传递给设计者的语言。

设计者总是尽可能在不去掉现有功能、附加其他功能的前提下探讨实现需求的手段，因此，就容易做出使用过多缓冲材料的设计，或是朝着能够实现所有操作的方向来思考产品的制作方法。

同样的事情也发生在设计部门向生产部门进行信息传递之时。虽然设计者希望设计信息的流通能让生产部门从企业经营活动的各个方面正确认识正在开发的产品信息，但实际上这种理想的信息流通尚未能充分实现。

从经营管理的视角出发的经营数字化工程环境，是以从产品开发的视角出发的设计数字化工程环境作为基础构建起来的。由于整备良好的生产管理系统也能够把握产品编号单位及工序单位的生产成本，因此能够帮助企业在生产领域中做出正确的经营管理判断。同样的，如果能够构建整备良好的设计数字化工程环境，进行产品开发的设计者就能轻松检索到营业额及利润、成本等信息，就能够对产品开发进行反馈，实现从经营管理的视角出发的产品开发。

如此一来，在产品开发阶段，设计者能够有效参与到经营计划中，不仅能够在如何有效提高设计及功能、质量方面提供意见，还能够帮助企业创造出极具竞争力的产品及服务，等等。作为在多方面支持企业经营战略的基础设施，PLM 正在不断进化和发展。

索引

◆◇按字母顺序◆◇

Ajax ·······················98

Annex ···················· 185

AutoCAD ····················87

BOM ··················19；63

CAD ························ 7

CAE ······················ 164

CAM ·······················88

CAPE ···················· 102

CWQC ····················· 192

DMIS ···················· 106

DXF ························87

EAI ······················ 138

EBOM ·················25；76

ECO ·················170；242

Ecological Profile ·········· 185

ECR ······················ 242

EDGE ·······················90

EuP ······················ 184

FACE ·······················90

FMEA ····················· 116

FMEA 工作表 ················ 117

IGES ·······················86

JAMP ···················· 187

JGPSSI ···················· 187

LCC ······················ 198

LDM ························26

Mashup（糅合） ············99

MBOM ·················25；76

MRP ························37

MSDS ···················· 108

NC ·························87

OCM ·················171；242

P/N ··················19；68

P/S ··················19；68

PDM ·············4；7；52

PLCC ················ 14；200

PLM 安装功能图 ··········· 218

Portal 功能 ·················96

PPR ······················ 102

QC ······················ 192

QFD ·················115；193

REACH ···················· 107

REACH 法规 ················ 186

RoHS 指令 ············107；185

ROI ······················ 118

RPN ················· 117

SBOM ················77

SFA ················· 12

SHELL················90

Single Sign-On ·······97

SOP ················ 108

SPBOM ··············77

SQC ················ 192

STEP ···············87

STL ················88

TCO ················ 199

TDM ···············26

To-Be 模型 ········· 210

TQC ················ 192

TS ················· 117

Vault ············51；56

VERTEX ·············90

Viewer ··············58

VRML ··············88

Web 系统 ············97

WEEE 指令 ········· 183

XVL················88

A

安装功能测试检查清单······· 220

B

边际利润 ············· 200

标准操作程序··············· 108

表型··············64

并行工程··············20；53

补给零部件表··············77

补给零部件产品编号········ 222

部件清单··············65

C

采购产品编号·············· 222

参数曲线··············89

产品生命周期成本······ 14；198

产品特性信息············· 153

产品信息管理 Portal ······· 100

成品··············64

冲压模具（Die）········· 178

出图··············58

传阅历史记录（audit）········84

垂直投产··············23

D

登出（check out）··········· 235

登入（check in）··········· 235

电子设计··············85

定期保全············· 120

动态用户··············47

F

方法设计书·················· 218

防呆设计·························194

费用构造表·····················200

分类·····························60

分类编码·······················160

风险系数（RPN）·············117

G

工程编号
（Engineering Code）······222

工序内产品编号················222

工序设计·······················174

工序信息·······················76

工作流·····················81；231

工作流设计书···················219

公差·······················104；153

公司全面质量管理···············192

供应链编号·····················222

故障模式影响分析···············116

广义的 PLM 系统 ·············4

H

画面迁移图·····················219

环保产品优先购入调查
共同化协议会··············187

混合型零部件表·················68

J

机械设计·······················85

基本使用规则一览表···········220

基线·····························73

几何数据·······················89

建模步骤····················89；91

角色权限·······················48

接单产品编号···················222

节点·····························82

节拍时间·······················178

解析曲线·······················89

经营数字化工程环境···········252

矩阵型零部件表·················66

K

客户服务器型···················98

课题·协作·····················95

L

链接·····························82

量产产品编号···················158

临时产品编号··············158；222

临时图号·······················55

零部件表···················19；63

零部件构成·····················68

路径·····························76

M

门径管理·······················126

N

逆展开功能·················71

O

欧洲化学物质法规···········186

P

配比表···················23
配置管理·················137
批量数据（Bulk Data）········19
品目信息·················68

Q

企划编号·················222
全球化 PLM ···············236

S

设备管理 Portal ············101
设备投资议案管理···········119
设计变更单················58
设计变更要求·············242
设计变更指示·········170；242
设计变更主数据···········242
设计过程中················27
设计基准指令·············184
设计开发业务··············38
设计零部件表·········25；76
设计评论··················58

设计数字化工程环境·········251
设计图编号················6
设计图管理系统············6
设计用 PLM ··············237
社内设变················169
社外设变················169
生产技术用 PLM ··········237
生产零部件表··········25；76
生态化设计
（Eco-Design）··········184
失误预防活动·············194
施工预算管理·············119
识别····················59
识别编码················160
实际筹备数量············190
事后保全················120
试验计划法·········114；193
试制品版本··············222
试制产品编号············158
视图····················73
手绘漫画················169
树型····················64
数据仓库··········24；98
数据管理主数据···········42
数据净化功能·············135
数据统一化功能···········136
属性数据·················89

数字化实体模型

　（Digital Mock–Up）······ 103

T

田口法·················· 114

条件输入功能············· 137

同步工程·················53

统计质量管理············· 192

统一零部件表系统···········32

统一主数据··············· 135

统一主数据管理功能········· 136

统一主数据系统············32

图号·················· 6；55

图像化·协作··············94

团队·协作··············95

拓扑数据···············89；90

W

文本挖掘·············· 46；133

物料需求计划···········37

物品管理推进协议会········· 187

X

狭义的 PLM 系统 ············ 4

限制规则引擎功能··········· 137

相互作用图·············· 219

项目管理 Portal ··········· 101

项目评价规则············· 124

销售零部件表··············77

协作功能·················93

新 QC 七大工具 ··········· 114

信赖性区块············· 117

修订版本·················6

修订编号·················63

修缮费用预算管理········· 119

虚拟组装模拟············· 103

Y

业务主数据··············42

一级组件············ 70；154

用户相互作用方法········· 219

预防保全·············· 120

元数据（Meta Data）·········19

Z

栅格数据（Raster Data）······20

展开功能·················70

正规化················· 135

正式产品编号·········158；222

正数据·················31

正展开··················70

直接转换器···············89

制造指示变更·········171；242

质量功能展开············ 193

质量管理 Portal ············ 102

注塑模具（Mould）········· 178

转换器·····················86

状态保全······················ 120

子组件····················· 191

总需求量·····················37

组装图····················· 148

东方出版社助力中国制造业升级

定价：28.00 元

定价：32.00 元

定价：32.00 元

定价：32.00 元

定价：32.00 元

定价：32.00 元

定价：30.00 元

定价：30.00 元

定价：32.00 元

定价：28.00 元

定价: 28.00 元

定价: 36.00 元

定价: 30.00 元

定价: 32.00 元

定价: 32.00 元

定价: 32.00 元

定价: 38.00 元

定价: 26.00 元

定价: 36.00 元

定价: 22.00 元

定价: 32.00 元

定价: 36.00 元

定价: 36.00 元

定价: 36.00 元

定价: 38.00 元

定价: 28.00 元

定价: 38.00 元

定价: 36.00 元

定价: 38.00 元

定价: 36.00 元

定价: 36.00 元

定价: 46.00 元

定价: 38.00 元

定价: 42.00 元

定价: 49.80 元

定价: 38.00 元

定价: 38.00 元

定价: 38.00 元

定价: 45.00 元

定价: 52.00 元

定价：42.00元

定价：42.00元

定价：48.00元

定价：58.00元

定价：48.00元

定价：58.00元